CAMBRIDGE PLAIN TEXTS

TIRSO DE MOLINA
EL BURLADOR DE SEVILLA

TIRSO DE MOLINA

EL BURLADOR DE SEVILLA Y CONVIDADO DE PIEDRA

CAMBRIDGE
AT THE UNIVERSITY PRESS
1967

CAMBRIDGE UNIVERSITY PRESS
Cambridge, New York, Melbourne, Madrid, Cape Town,
Singapore, São Paulo, Delhi, Mexico City

Cambridge University Press
The Edinburgh Building, Cambridge CB2 8RU, UK

Published in the United States of America by Cambridge University Press, New York

www.cambridge.org
Information on this title: www.cambridge.org/9781107681002

First published 1954
Reprinted 1967
Re-issued 2013

A catalogue record for this publication is available from the British Library

ISBN 978-1-107-68100-2 Paperback

PREFACE

'Tirso de Molina' was the pseudonym of Fray Gabriel Téllez, a member of the religious order of la Merced. The date of his birth is usually given as 1571, though recent research has suggested that he may be identified with Gabriel Téllez, an illegitimate son of the Duke of Osuna baptised in Madrid in 1584. He died in Soria on 12 March 1648. His plays were published in five *Partes* between 1627 and 1636, but *El Burlador de Sevilla* is not included in these volumes. It first appeared in *Doze comedias nvevas de Lope de Vega y otros avtores. Segvnda parte* (Barcelona, 1630), where it is stated to have been performed by Roque de Figueroa. It was reprinted in the sixth volume of the *Comedias escogidas de los mejores ingenios de España*. This edition is usually described, from a manuscript note on the title page of the copy preserved in the Biblioteca Nacional of Madrid, as that of 1649, although the series of which this volume forms part did not begin to appear until 1652. Several reprints of this text, which shows some variants, are known; one appeared in the seventeenth century and five more in the eighteenth century. The play *Tan largo me lo fiáis*, incorrectly attributed on the title page to Calderón de la Barca, is a version of *El Burlador*, following the text of 1630 less closely than does that of 1649. It was republished by Sancho Rayón in the *Colección de libros raros y curiosos*, vol. XII (Madrid, 1871).

In the present edition we have followed as closely as possible the 1630 text. We have corrected misprints and in order to make certain other changes necessitated by sense and versifica-

v

tion we have taken into account the later versions, together with the modern editions of Cotarelo y Mori and Américo Castro. These emendations are denoted by square brackets.

El Burlador de Sevilla y Convidado de Piedra appears to combine elements from two sets of legends. The jesting invitation to a dead man, usually directed to a skull or skeleton, is found throughout western Europe, and old ballads based upon it have been preserved by oral tradition in many parts of Spain and Portugal. There exist also many variations on the theme of the living statue. Tirso de Molina appears to have built his play about these traditional tales, but he notably enlarged the figure of the protagonist, turning the jesting gallant into the callous deceiver.

The theme of Don Juan quickly gained popularity outside Spain. Several Italian plays were written on the subject, including a *commedia dell' arte* scenario, while in France the versions of Dorimon and Villiers were followed by *Le Festin de Pierre* of Molière. Many subsequent writers have been attracted by the tale, one of the best known versions of which is Mozart's opera *Don Giovanni*.

In the early eighteenth century Don Antonio de Zamora's *No hay deuda que no se pague y Convidado de Piedra* was published; evidence, together with the reprints of Tirso's play during the eighteenth century, of its continuing popularity in Spain. With the Romantic movement this popularity received a new impetus, but one which came partly from abroad. In 1839 Antonio García Gutiérrez translated into Spanish the *Don Juan de Marana o la caída de un ángel* of Alexandre Dumas and this translation, together with Zamora's play, provided the inspiration for Zorrilla's *Don Juan Tenorio*, first presented in 1844. In the narrative poem *El Estudiante de*

Salamanca Espronceda treats the theme in an original way.

Zorrilla and Espronceda converted Don Juan into the Romantic hero; in the twentieth century both Valle-Inclán and Pérez de Ayala have created new roles for him to play. The Marqués de Bradomín of Valle-Inclán glories in the 'ciencia profunda, exquísita y sádica de un decadente', while his Don Juan Manuel de Montenegro proclaims himself an 'hidalgo mujeriego y despótico, hospitalario y violento'. In *Tigre Juan* and its sequel, *El curandero de su honra*, Pérez de Ayala contrasts a pusillanimous *donjuanismo* with the virility of an *hombre de carne y hueso*. The figure of Don Juan forms the subject of several of his essays in *Las Mascaras*. He discusses the interpretations of Tirso, Zorrilla, Byron, the brothers Álvarez Quintero, G. B. Shaw, and the clinical analysis of Weininger, an analysis similar to that developed in Marañón's *Don Juan*.

That Tirso's *Burlador* has not been entirely lost to view is proved by the studies and modern critical editions listed below, but it is true to say that it is the character, rather than the original presentation of the story, which has proved of most interest to other writers, a character which each has developed according to his own personal interpretation.

J. E. VAREY

N. D. SHERGOLD

SEPTEMBER, 1952

vii

SELECTED BIBLIOGRAPHY

AUSTEN, JOHN. *The Story of Don Juan. A Study of the Legend and the Hero* (London, 1939).

CASALDUERO, J. *Contribución al estudio del tema de Don Juan en el teatro español* (Northampton, Mass., 1938).

CASTRO, AMÉRICO. '*El Burlador de Sevilla*,' edition and introduction in *Tirso de Molina. Obras* (*Clásicos Castellanos*, Madrid, 1932, 3rd edition).

COTARELO Y MORI, E. *Últimos estudios acerca de 'El Burlador de Sevilla'* ('Revista de Archivos,' vol. XVIII, 1908, pp. 75–86).
'*El Burlador de Sevilla*,' edition and introduction in *Comedias de Tirso de Molina* (*NBAE*, Madrid, 1906).

FARINELLI, ARTURO. *Don Giovanni* (Milano, 1946).

GENDARME DE BÉVOTTE, GEORGES. *La légende de Don Juan. Son évolution dans la littérature des origines au romantisme* (Paris, 1906).

MACKAY, DOROTHY E. *The Double Invitation in the Legend of Don Juan* (Stanford University Press: Stanford University, 1943).

MAEZTU, RAMIRO DE. *Don Quijote, Don Juan y la Celestina* (*Colección Austral*, Buenos Aires, 1938).

MENÉNDEZ PIDAL, RAMÓN. *Sobre los orígenes de 'El convidado de piedra'* ('Cultura española,' Madrid, 1906; reprinted in *Estudios Literarios. Colección Austral*, Buenos Aires, 1938).

SAID ARMESTO, VICTOR. *La leyenda de Don Juan. Orígenes poéticos de 'El Burlador de Sevilla y Convidado de Piedra'* (Madrid, 1908).

EL BURLADOR DE SEVILLA
Y CONVIDADO DE PIEDRA

PERSONAJES

DON DIEGO TENORIO, viejo
DON JUAN TENORIO, su hijo
CATALINÓN, lacayo
EL REY DE NÁPOLES
EL DUQUE OCTAVIO
DON PEDRO TENORIO
EL MARQUÉS DE LA MOTA
DON GONZALO DE ULLOA
EL REY DE CASTILLA
[DOÑA ANA DE ULLOA]
FABIO, criado
ISABELA, duquesa
TISBEA, pescadora
BELISA, villana
ANFRISO, pescador
CORIDÓN, pescador
GASENO, labrador
BATRICIO, labrador
RIPIO, criado
[AMINTA, villana]

Representóla Roque de Figueroa

JORNADA PRIMERA

Salen DON JUAN TENORIO *y* ISABELA,
duquesa.

ISABELA.   Duque Octavio, por aquí
podrás salir más seguro.

D. JUAN.   Duquesa, de nuevo os juro
de cumplir el dulce sí.

ISABELA.   ¿Mis glorias serán verdades,
promesas y ofrecimientos,
regalos y cumplimientos,
voluntades y amistades?

D. JUAN.   Sí, mi bien.

ISABELA.   Quiero sacar
una luz.

D. JUAN.   Pues ¿para qué?

ISABELA. Para que el alma dé fe
del bien que llego a gozar.

D. JUAN.   Mataréte la luz yo.

ISABELA. ¡Ah, cielo! ¿Quién eres, hombre?

D. JUAN. ¿Quién soy? Un hombre sin nombre.

ISABELA. ¿Que no eres el duque?

D. JUAN.   No.

ISABELA.   ¡Ah, de palacio!

D. JUAN.   Detente:
dame, duquesa, la mano.

ISABELA. No me detengas, villano.
¡Ah, del rey! ¡Soldados, gente!

3   I-2

Sale el REY DE NÁPOLES *con una
vela en un candelero.*

REY.   ¿Qué es esto?

ISABELA.   ¡El rey! ¡Ay, triste!

REY.   ¿Quién eres?

D. JUAN.   ¿Quién ha de ser?
           Un hombre y una mujer.

REY.   [*Ap.*] Esto en prudencia consisté.—
           ¡Ah, de mi guarda! Prended
           a este hombre.

ISABELA.   ¡Ay, perdido honor!
                           (*Vase* ISABELA.)

Sale DON PEDRO TENORIO, *embajador de
España y* GUARDA.

[D. PED.] ¡En tu cuarto, gran señor,
           voces! ¿Quién la causa fué?

REY.   Don Pedro Tenorio, a vos
           esta prisión os encargo.
           Siendo corto, andad vos largo;
           mirad quién son estos dos.
              Y con secreto ha de ser,
           que algún mal suceso creo,
           porque si yo aquí lo veo
           no me queda más que ver.   (*Vase.*)

D. PED.   Prendelde.

D. JUAN.   ¿Quién ha de osar?
           Bien puedo perder la vida;
           mas ha de ir tan bien vendida,
           que a alguno le ha de pesar.

D. PED.   ¡Matalde!

D. JUAN.   ¿Quién os engaña?
           Resuelto en morir estoy,

4

porque caballero soy
del embajador de España.
  Llegue; que solo ha de ser
quien me rinda.

D. PED.   Apartad;
a ese cuarto os retirad
todos con esa mujer.   [*Vanse.*]
  Ya estamos solos los dos;
muestra aquí tu esfuerzo y brío.

D. JUAN. Aunque tengo esfuerzo, tío,
no lo tengo para vos.

D. PED.   Di quién eres.

D. JUAN.   Ya lo digo:
tu sobrino.

D. PED.   [*Ap.*]   ¡Ay, corazón,
que temo alguna traición!
¿Qué es lo que has hecho, enemigo?
  ¿Cómo estás de aquesa suerte?
Dime presto lo que ha sido.
¡Desobediente, atrevido!...
Estoy por darte la muerte.
  Acaba.

D. JUAN.   Tío y señor,
mozo soy y mozo fuiste;
y pues que de amor supiste,
tenga disculpa mi amor.
  Y pues a decir me obligas
la verdad, oye y diréla:
yo engañé y gocé a Isabela
la duquesa...

D. PED.   No prosigas,
tente. ¿Cómo la engañaste?
Habla quedo [o] cierra el labio.

D. JUAN. Fingí ser el duque Octavio...

5

D. PED. No digas más, calla, basta.—
         [*Ap.*] Perdido soy si el rey sabe
         este caso. ¿Qué he de hacer?
         Industria me ha de valer
         en un negocio tan grave.—
              Di, vil: ¿no bastó emprender
         con ira y con fuerza extraña
         tan gran traición en España
         con otra noble mujer,
              sino en Nápoles también
         y en el palacio real,
         con mujer tan principal?
         ¡Castíguete el cielo, amén!
              Tu padre desde Castilla
         a Nápoles te envió,
         y en sus márgenes te dió
         tierra la espumosa orilla
              del mar de Italia, atendiendo
         que el haberte recebido
         pagaras agradecido,
         y estás su honor ofendiendo,
              y en tal principal mujer.
         Pero en aquesta ocasión
         nos daña la dilación;
         mira qué quieres hacer.

D. JUAN. No quiero daros disculpa,
          que la habré de dar siniestra.
          Mi sangre es, señor, la vuestra;
          sacalda, y pague la culpa.
               A esos pies estoy rendido,
          y ésta es mi espada, señor.

D. PED.   Alzate y muestra valor,
          que esa humildad me ha vencido.
               ¿Atreveráste a bajar
          por ese balcón?

D. JUAN.   Sí atrevo,
          que alas en tu favor llevo.

6

D. PED.   Pues yo te quiero ayudar.
          Vete a Sicilia o Milán,
          donde vivas encubierto.

D. JUAN. Luego me iré.

D. PED.   ¿Cierto?

D. JUAN.   Cierto.

D. PED.   Mis cartas te avisarán
          en qué para este suceso
          triste que causado has.

D. JUAN. [*Ap.*] Para mí alegre, dirás.—
          Que tuve culpa, confieso.

D. PED.   Esa mocedad te engaña.
          Baja, pues, ese balcón.

D. JUAN. [*Ap.*] Con tan justa pretensión
          gozoso me parto a España.

          Vase DON JUAN *y entra el* REY.

D. PED.   Ya ejecuté, gran señor,
          tu justicia justa y recta
          en el hombre.

REY.   ¿Murió?

D. PED.   Escapóse
          de las cuchillas soberbias.

REY.   ¿De qué forma?

D. PED.   Desta forma:
          Aun no lo mandaste apenas,
          cuando, sin dar más disculpa,
          la espada en la mano aprieta,
          revuelve la capa al brazo,
          y con gallarda presteza,
          ofendiendo a los soldados
          y buscando su defensa,
          viendo vecina la muerte,

7

por el balcón de la huerta
se arroja desesperado.
Siguióle con diligencia
tu gente; cuando salieron
por esa vecina puerta,
le hallaron agonizando
como enroscada culebra.
Levantóse, y al decir
los soldados: "¡muera, muera!",
bañado de sangre el rostro,
con tan heroica presteza
se fué, que quedé confuso.
La mujer, que es Isabela,
—que para admirarte nombro—
retirada en esa pieza,
dice que es el duque Octavio
que, con engaño y cautela,
la gozó.

REY.   ¿Qué dices?

D. PED.   Digo
lo que ella propia confiesa.

REY.   [*Ap.*] ¡Ah, pobre honor! Si eres alma
del [hombre,] ¿por qué te dejan
en la mujer inconstante,
si es la misma ligereza?—
¡Hola!

           Sale un CRIADO.

CRIADO.   ¡Gran señor!

REY.   Traed
delante de mi presencia
esa mujer.

D. PED.   Ya la guardia
viene, gran señor, con ella.

       Trae la GUARDA *a* ISABELA.

ISABELA. [*Ap.*] ¿Con qué ojos veré al rey?

8

REY.   Idos, y guardad la puerta
de esa cuadra.—Di, mujer:
¿qué rigor, qué airada estrella
te incitó, que en mi palacio,
con hermosura y soberbia,
profanases sus umbrales?

ISABELA. Señor...

REY.   Calla, que la lengua
no podrá dorar el yerro
que has cometido en mi ofensa.
¿Aquél era el duque Octavio?

ISABELA. Señor...

REY.   ¡[Que] no importan fuerzas,
guarda, criados, murallas,
fortalecidas almenas
para amor, que la de un niño
hasta los muros penetra!
Don Pedro Tenorio: al punto
a esa mujer llevad presa
a una torre, y con secreto
haced que al duque le prendan,
que quiero hacer que le cumpla
la palabra o la promesa.

ISABELA. Gran señor, volvedme el rostro.

REY.   Ofensa a mi espalda hecha
es justicia y es razón
castigalla a espaldas vueltas.

                       (*Vase el* REY.)

D. PED. Vamos, duquesa.

ISABELA.   Mi culpa
no hay disculpa que la venza;
mas no será el yerro tanto
si el duque Octavio lo enmienda.

Vanse y sale el DUQUE OCTAVIO *y* RIPIO,
su criado.

9

RIPIO.	¿Tan de mañana, señor,
	te levantas?
OCTAV.	No hay sosiego
	que pueda apagar el fuego
	que enciende en mi alma amor.
	Porque, como al fin es niño,
	no apetece cama blanda,
	entre regalada holanda,
	cubierta de blanco armiño.
	Acuéstase, no sosiega,
	siempre quiere madrugar
	por levantarse a jugar,
	que, al fin, como niño, juega.
	Pensamientos de Isabela
	me tienen, amigo, en calma,
	que como vive en el alma
	anda el cuerpo siempre en pena,
	guardando ausente y presente
	el castillo del honor.
RIPIO.	Perdóname, que tu amor
	es amor impertinente.
OCTAV.	¿Qué dices, necio?
RIPIO.	Esto digo:
	impertinencia es amar
	como amas; ¿quieres escuchar?
OCTAV.	Prosigue.
RIPIO.	Ya prosigo.
	¿Quiérete Isabela a ti?
OCTAV.	¿Eso, necio, has de dudar?
RIPIO.	No; mas quiero preguntar:
	y tú, ¿no la quieres?
OCTAV.	Sí.
RIPIO.	Pues ¿no seré majadero,
	y de solar conocido,
	si pierdo yo mi sentido
	por quien me quiere y la quiero?

Si ella a ti no te quisiera,
fuera bien el porfialla,
regalalla y adoralla,
y aguardar que se rindiera;
   mas si los dos os queréis
con una mesma igualdad,
dime: ¿hay más dificultad
de que luego os desposéis?

OCTAV.   Eso fuera, necio, a ser
de lacayo o lavandera
la boda.

RIPIO.   Pues, ¿es quienquiera
una lavandriz mujer,
   lavando y fregatrizando,
defendiendo y ofendiendo,
los paños suyos tendiendo,
regalando y remendando?
   Dando dije, porque al dar
no hay cosa que se le iguale,
y si no a Isabela dale,
a ver si sabe tomar.

Sale un CRIADO.

CRIADO.   El embajador de España
en este punto se apea
en el zaguán, y desea,
con ira y fiereza extraña,
   hablarte, y si no entendí
yo mal, entiendo es prisión.

OCTAV.   ¡Prisión! Pues ¿por qué ocasión?
Decid que entre.

Entra DON PEDRO TENORIO, *con guardas.*

D. PED.   Quien así
con tanto descuido duerme,
limpia tiene la conciencia.

OCTAV.   Cuando viene vuexcelencia
           a honrarme y favorecerme
               no es justo que duerma yo;
           velaré toda mi vida.
           ¿A qué y por qué es la venida?

D. PED.   Porque aquí el rey me envió.

OCTAV.   Si el rey, mi señor, se acuerda
           de mí en aquesta ocasión,
           será justicia y razón
           que por él la vida pierda.
               Decidme, señor, ¿qué dicha
           o qué estrella me ha guiado,
           que de mí el rey se ha acordado?

D. PED.   Fué, duque, vuestra desdicha.
               Embajador del rey soy;
           dél os traigo una embajada.

OCTAV.   Marqués, no me inquieta nada;
           decid, que aguardando estoy.

D. PED.   A prenderos me ha enviado
           el rey; no os alborotéis.

OCTAV.   ¡Vos por el rey me prendéis!
           Pues ¿en qué he sido culpado?

D. PED.   Mejor lo sabéis que yo;
           mas, por si acaso me engaño,
           escuchad el desengaño,
           y a lo que el rey me envió.
               Cuando los negros gigantes,
           plegando funestos toldos,
           y del crepúsculo huyen,
           tropezando unos con otros,
           estando yo con su alteza
           tratando ciertos negocios
           (porque antípodas del sol
           son siempre los poderosos),
           voces de mujer oímos
           cuyos ecos, menos roncos
           por los artesones sacros,

nos repitieron "¡socorro!"
A las voces y al ruido
acudió, duque, el rey propio,
halló a Isabela en los brazos
de algún hombre poderoso;
mas quien al cielo se atreve,
sin duda es gigante o monstruo.
Mandó el rey que los prendiera;
quedé con el hombre solo;
llegué y quise desarmalle;
pero pienso que el demonio
en él tomó forma humana,
pues que, vuelto en humo y polvo,
se arrojó por los balcones,
entre los pies de esos olmos
que coronan, del palacio,
los chapiteles hermosos.
Hice prender la duquesa,
y en la presencia de todos
dice que es el duque Octavio
el que con mano de esposo
la gozó.

OCTAV.   ¿Qué dices?

D. PED.   Digo
lo que al mundo es ya notorio
y que tan claro se sabe:
que Isabela por mil modos...

OCTAV.   Dejadme, no me digáis
tan gran traición de Isabela.
Mas si fué su [amor] cautela,
proseguid, ¿por qué calláis?
Mas si el veneno me dais,
que a un firme corazón toca,
y así a decir me provoca,
que imita a la comadreja,
que concibe por la oreja
para parir por la boca.

13

¿Será verdad que Isabela,
alma, se olvidó de mí
para darme muerte? Sí,
que el bien suena y el mal vuela.
Ya el pecho nada recela
juzgando si son antojos;
que, por darme más enojos,
al entendimiento entró,
y por la oreja escuchó
lo que acreditan los ojos.
  Señor marqués, ¿es posible
que Isabela me ha engañado,
y que mi amor ha burlado?
¡Parece cosa imposible!
¡Oh, mujer! ¡Ley tan terrible
de honor, a quien me provoco
a emprender! Mas ya no toco
en tu honor esta cautela.
¿Anoche con Isabela
hombre en palacio? Estoy loco.

D. PED.   Como es verdad que en los vientos
hay aves, en el mar peces,
que participan a veces
de todos cuatro elementos;
como en la gloria hay contentos,
lealtad en el buen amigo,
traición en el enemigo,
en la noche escuridad
y en el día claridad,
así es verdad lo que digo.

OCTAV.   Marqués, yo os quiero creer.
No hay cosa que me espante,
que la mujer más constante
es, en efeto, mujer.
No me queda más que ver,
pues es patente mi agravio.

D. PED.   Pues que sois prudente y sabio,
elegid el mejor medio.

14

OCTAV.   Ausentarme es mi remedio.

D. PED.   Pues sea presto, duque Octavio.

OCTAV.   Embarcarme quiero a España
y darle a mis males fin.

D. PED.   Por la puerta del jardín,
duque, esta prisión se engaña.

OCTAV.   ¡Ah, veleta! ¡Débil caña!
A más furor me provoco,
y extrañas provincias toco
huyendo desta cautela.
¡Patria, adiós! ¿Con Isabela
hombre en palacio? ¡Estoy loco!

Vanse y sale TISBEA, *pescadora, con una
caña de pescar en la mano.*

TISBEA.   Yo, de cuantas el mar
pies de jazmín y rosa
en sus riberas besa
con fugitivas olas,
sola de amor esenta,
como en ventura sola,
tirana me reservo
de sus prisiones locas,
aquí donde el sol pisa
soñolientas las ondas,
alegrando zafiros
las que espantaba sombras.
Por la menuda arena,
(unas veces aljófar
y átomos otras veces
del sol que así la adora),
oyendo de las aves
las quejas amorosas
y los combates dulces
del agua entre las rocas;
ya con la sutil caña
que al débil peso dobla

15

del necio pececillo
que el mar salado azota;
o ya con la atarraya
que en sus moradas hondas
prenden cuantos habitan
aposentos de conchas,
seguramente tengo
que en libertad se goza
el alma que amor áspid
no le ofende ponzoña.
En pequeñuelo esquife,
y en compañía de otras,
tal vez al mar le peino
la cabeza espumosa;
y cuando más perdidas
querellas de amor forman,
como de todos río,
envidia soy de todas.
¡Dichosa yo mil veces,
amor, pues me perdonas,
si ya, por ser humilde,
no desprecias mi choza!
Obeliscos de paja
mi edificio coronan,
nidos, si no hay cigarras,
o tortolillas locas.
Mi honor conservo en pajas,
como fruta sabrosa,
vidrio guardado en ellas
para que no se rompa.
De cuantos pescadores
con fuego Tarragona
de piratas defiende
en la argentada costa,
desprecio, soy encanto;
a sus suspiros, sorda;
a sus ruegos, terrible;
a sus promesas, roca.
Anfriso, a quien el cielo

con mano poderosa,
prodigio en cuerpo y alma,
[dotó de] gracias todas,
medido en las palabras,
liberal en las obras,
sufrido en los desdenes,
modesto en las congojas
mis pajizos umbrales,
que heladas noches ronda,
a pesar de los tiempos,
las mañanas remoza;
pues con ramos verdes
que de los olmos corta,
mis pajas amanecen
ceñidas de lisonjas.
Ya con vigüelas dulces
y sutiles zampoñas
músicas me consagra;
y todo no me importa,
porque en tirano imperio
vivo, de amor señora;
que hallo gusto en sus penas
y en sus infiernos gloria.
Todas por él se mueren,
y yo, todas las horas,
le mato con desdenes:
de amor condición propia,
querer donde aborrecen,
despreciar donde adoran;
que si le alegran, muere,
y vive si le oprobian.
En tan alegre día
segura de lisonjas,
mis juveniles años
amor no los malogra;
que en edad tan florida,
amor, no es suerte poca
no ver tratando enredos
las tuyas amorosas.

Pero, necio discurso
que mi ejercicio estorbas,
en él no me diviertas
en cosa que no importa.
Quiero entregar la caña
al viento, y a la boca
del pececillo el cebo.
Pero al agua se arrojan
dos hombres de una nave,
antes que el mar la sorba,
que sobre el agua viene
y en un escollo aborda;
como hermoso pavón
hace las velas cola,
adonde los pilotos
todos los ojos pongan.
Las olas va escarbando;
y ya su orgullo y pompa
casi la desvanece.
Agua un costado toma...
Hundióse y dejó al viento
la gavia, que la escoja
para morada suya,
que un loco en gavias mora.
                    (*Dentro*: ¡Que me ahogo!)
Un hombre al otro aguarda
que dice que se ahoga.
¡Gallarda cortesía!
En los hombros le toma.
Anquises le hace Eneas,
si el mar está hecho Troya.
Ya, nadando, las aguas
con valentía corta,
y en la playa no veo
quien le ampare y socorra.
Daré voces: ¡Tirseo,
Anfriso, Alfredo, hola!
Pescadores me miran,
¡plega a Dios que me oigan!

Mas milagrosamente
ya tierra los dos toman:
sin aliento el que nada,
con vida el que le estorba.

Saca en brazos CATALINÓN *a* DON
JUAN, *mojados.*

CATAL.   ¡Válgame la cananea,
y qué salado está el mar!
Aquí puede bien nadar
el que salvarse desea,
    que allá dentro es desatino.
Donde la muerte se fragua,
donde Dios juntó tanta agua,
¿no juntara tanto vino?
    Agua salada: ¡estremada
cosa para quien no pesca!
Si es mala aun el agua fresca,
¿qué será el agua salada?
    ¡Oh, quien hallara una fragua
de vino, aunque algo encendido!
Si del agua que he bebido
escapo yo, no más agua.
    Desde hoy abernuncio della,
que la devoción me quita
tanto, que aun agua bendita
no pienso ver, por no vella.
    ¡Ah, señor! Helado [y frío
está.] ¿Si [estará ya] muerto?
Del mar fué este desconcierto,
y mío este desvarío.
    ¡Mal haya aquel que primero
pinos en la mar sembró,
y que sus rumbos midió
con quebradizo madero!
    ¡Maldito sea el vil sastre
que cosió el mar que dibuja
con astronómica aguja,
causa de tanto desastre!

¡Maldito sea Jasón,
y Tifis maldito sea!
Muerto está, no hay quien lo crea;
¡mísero Catalinón!
¿Qué he de hacer?

TISBEA. Hombre, ¿qué tienes
en desventuras iguales?

CATAL. Pescadora, muchos males,
y falta de muchos bienes.
Veo, por librarme a mí,
sin vida a mi señor. Mira
si es verdad.

TISBEA. No, que aun respira.

CATAL. ¿Por dónde? ¿Por aquí?

TISBEA. Sí;
pues ¿por dónde?

CATAL. Bien podía
respirar por otra parte.

TISBEA. Necio estás.

CATAL. Quiero besarte
las manos de nieve fría.

TISBEA. Ve a llamar los pescadores
que en aquella choza están.

CATAL. Y si los llamo, ¿vernán?

TISBEA. Vendrán presto. No lo ignores.
¿Quién es este caballero?

CATAL. Es hijo aqueste señor
del camarero mayor
del rey, por quien ser espero
antes de seis días conde
en Sevilla, donde va,
y adonde su alteza está,
si a mi amistad corresponde.

TISBEA. ¿Cómo se llama?

CATAL.   Don Juan
              Tenorio.

TISBEA.   Llama mi gente.

CATAL.   Ya voy.   (*Vase.*)

Coge en el regazo TISBEA *a* DON JUAN.

TISBEA.   Mancebo excelente,
         gallardo, noble y galán.
              Volved en vos, caballero.

D. JUAN. ¿Dónde estoy?

TISBEA.   Ya podéis ver:
         en brazos de una mujer.

D. JUAN. Vivo en vos, si en el mar muero.
              Ya perdí todo el recelo
         que me pudiera anegar,
         pues del infierno del mar
         salgo a vuestro claro cielo.
              Un espantoso huracán
         dió con mi nave al través
         para arrojarme a esos pies
         que abrigo y puerto me dan.
              Y en vuestro divino oriente
         renazco, y no hay que espantar,
         pues veis que hay de amar a mar
         una letra solamente.

TISBEA.   Muy grande aliento tenéis
         para venir soñoliento,
         y más de tanto tormento
         mucho tormento ofrecéis.
              Pero si es tormento el mar
         y son sus ondas crueles,
         la fuerza de los cordeles,
         pienso que os hace hablar.
              Sin duda que habéis bebido
         del mar la oración pasada,
         pues, por ser de agua salada,
         con tan grande sal ha sido.

Mucho habláis cuando no habláis,
y cuando muerto venís
mucho al parecer sentís;
¡plega a Dios que no mintáis!
   Parecéis caballo griego
que el mar a mis pies desagua,
pues venís formado de agua,
y estáis preñado de fuego.
   Y si mojado abrasáis,
estando enjuto, ¿qué haréis?
Mucho fuego prometéis;
¡plega a Dios que no mintáis!

D. JUAN.   A Dios, zagala, plugiera
que en el agua me anegara
para que cuerdo acabara
y loco en vos no muriera;
   que el mar pudiera anegarme
entre sus olas de plata
que sus límites desata;
mas no pudiera abrasarme.
   Gran parte del sol mostráis,
pues que el sol os da licencia,
pues sólo con la apariencia,
siendo de nieve abrasáis.

TISBEA.   Por más helado que estáis,
tanto fuego en vos tenéis,
que en este mío os ardéis.
¡Plega a Dios que no mintáis!

Salen CATALINÓN, CORIDÓN
y ANFRISO, *pescadores.*

CATAL.   Ya vienen todos aquí.

TISBEA.   Y ya está tu dueño vivo.

D. JUAN. Con tu presencia recibo
el aliento que perdí.

CORID.   ¿Qué nos mandas?

TISBEA.   Coridón,
Anfriso, amigos....

22

CORID.   Todos
buscamos por varios modos
esta dichosa ocasión.
    Di lo que nos mandas, Tisbea,
que por labios de clavel
no lo habrás mandado a aquel
que idolatrarte desea,
    apenas, cuando al momento,
sin cesar, en llano o sierra,
surque el mar, tale la tierra,
pise el fuego, el aire, el viento.

TISBEA. (*Aparte*). ¡Oh, que mal me parecían
estas lisonjas ayer,
y hoy echo en ellas de ver
que sus labios no mentían!—
    Estando, amigos, pescando
sobre este peñasco, vi
hundirse una nave allí,
y entre las olas nadando
    dos hombres; y compasiva,
di voces, y nadie oyó;
y en tanta aflición, llegó
libre de la furia esquiva
    del mar, sin vida a la arena,
déste en los hombros cargado,
un hidalgo y anegado,
y envuelta en tan triste pena
    a llamaros envié.

ANFRIS. Pues aquí todos estamos,
manda que tu gusto hagamos,
lo que pensado no fué.

TISBEA.   Que a mi choza los llevemos
quiero, donde, agradecidos,
reparemos sus vestidos
y a ellos regalaremos;
    que mi padre gusta mucho
desta debida piedad.

CATAL. ¡Estremada es su beldad!

23

D. JUAN. Escucha aparte.

CATAL.   Ya escucho.

D. JUAN.   Si te pregunta quién soy,
           di que no sabes.

CATAL.   A mí...
           ¿quieres advertirme a mí
           lo que he de hacer?

D. JUAN.   Muerto voy
           por la hermosa pescadora.
           Esta noche he de gozalla.

CATAL.   ¿De qué suerte?

D. JUAN.   Ven y calla.

CORID.   Anfriso: dentro de un hora
           [los pescadores prevén]
           que canten y bailen.

ANFRIS.   Vamos,
           y esta noche nos hagamos
           rajas y palos también.

D. JUAN.   Muerto soy.

TISBEA.   ¿Cómo, si andáis?

D. JUAN. Ando en pena, como veis.

TISBEA. Mucho habláis.

D. JUAN.   Mucho entendéis.

TISBEA. ¡Plega a Dios que no mintáis!

                              (*Vanse.*)

Sale DON GONZALO DE ULLOA *y el* REY
     DON ALFONSO DE CASTILLA.

REY.   ¿Cómo os ha sucedido en la embajada,
           comendador mayor?

D. GON.   Hallé en Lisboa
           al rey don Juan, tu primo, previniendo
           treinta naves de armada.

REY.   ¿Y para dónde?

24

D. GON. Para Goa me dijo; mas yo entiendo
que a otra empresa más fácil apercibe.
A Ceuta o Tánger pienso que pretende
cercar este verano.

REY.   Dios le ayude,
y premie el celo de aumentar su gloria.
¿Qué es lo que concertasteis?

D. GON.   Señor, pide
a Serpa y Mora, y Olivencia y Toro;
y por eso te vuelve a Villaverde,
al Almendral, a Mértola y Herrera
entre Castilla y Portugal.

REY.   Al punto
se firmen los conciertos, don Gonzalo.
Mas decidme primero cómo ha ido
en el camino, que vendréis cansado
y alcanzado también.

D. GON.   Para serviros,
nunca, señor, me canso.

REY.   ¿Es buena tierra
Lisboa?

D. GON.   La mayor ciudad de España;
y si mandas que diga lo que he visto
de lo exterior y célebre, en un punto
en tu presencia te pondré un retrato.

REY. Gustaré de oíllo. Dadme silla.

D. GON. Es Lisboa una otava maravilla.
De las entrañas de España,
que son las tierras de Cuenca,
nace el caudaloso Tajo,
que media España atraviesa.
Entra en el mar Oceano,
en las sagradas riberas
de esta ciudad, por la parte
del sur; mas antes que pierda
su curso y su claro nombre,
hace un [puerto] entre dos sierras,

donde están de todo el orbe
barcas, naves, carabelas.
Hay galeras y saetías
tantas, que desde la tierra
parece una gran ciudad
adonde Neptuno reina.
A la parte del poniente
guardan del puerto dos fuerzas
de Cascaes y San Gian,
las más fuertes de la tierra.
Está, desta gran ciudad,
poco más de media legua,
Belén, convento del santo
conocido por la piedra,
y por el león de guarda,
donde los reyes y reinas
católicos y cristianos
tienen sus casas perpetuas.
Luego esta máquina insigne,
desde Alcántara comienza
una gran legua a tenderse
al convento de Xabregas.
En medio está el valle hermoso
coronado de tres cuestas,
que quedara corto Apeles
cuando [pintarlas] quisiera;
porque, miradas de lejos,
parecen piñas de perlas
que están pendientes del cielo,
en cuya grandeza inmensa
se ven diez Romas cifradas
en conventos y en iglesias,
en edificios y calles,
en solares y encomiendas,
en las letras y en las armas,
en la justicia tan recta,
y en una Misericordia
que está honrando su ribera,
y pudiera honrar a España

y aun enseñar a tenerla.
Y en lo que yo más alabo
desta máquina soberbia,
es que del mismo castillo
en distancia de seis leguas,
se ven sesenta lugares
que llega el mar a sus puertas,
uno de los cuales es
el convento de Odivelas,
en el cual vi por mis ojos
seiscientas y treinta celdas,
y entre monjas y beatas
pasan de mil y doscientas.
Tiene desde allí a Lisboa,
en distancia muy pequeña,
mil y ciento y treinta quintas,
que en nuestra provincia Bética
llaman cortijos, y todas
con sus huertos y alamedas.
En medio de la ciudad
hay una plaza soberbia
que se llama del Rucío,
grande, hermosa y bien dispuesta,
que habrá cien años y aun más
que el mar bañaba su arena,
y ahora della a la mar
hay treinta mil casas hechas,
que, perdiendo el mar su curso,
se tendió a partes diversas.
Tiene una calle que llaman
rua Nova o calle Nueva,
donde se cifra el Oriente
en grandezas y riquezas,
tanto, que el rey me contó
que hay un mercader en ella
que, por no poder contarlo,
mide el dinero a fanegas.
El terrero, donde tiene
Portugal su casa regia,

tiene infinitos navíos,
varados siempre en la tierra,
de sólo cebada y trigo
de Francia y Ingalaterra.
Pues el palacio real,
que el Tajo sus manos besa,
es edificio de Ulises,
que basta para grandeza,
de quien toma la ciudad
nombre en la latina lengua,
llamándose Ulisibona,
cuyas armas son la esfera,
por pedestal de las llagas
que en la batalla sangrienta
al rey don Alfonso Enríquez
dió la Majestad Inmensa.
Tiene en su gran tarazana
diversas naves, y entre ellas,
las naves de la conquista,
tan grandes, que de la tierra
miradas, juzgan los hombres
que tocan en las estrellas.
Y lo que desta ciudad
te cuento por excelencia
es, que estando sus vecinos
comiendo, desde las mesas
ven los copos del pescado
que junto a sus puertas pescan,
que, bullendo entre las redes,
vienen a entrarse por ellas;
y sobre todo, el llegar
cada tarde a su ribera
más de mil barcos cargados
de mercancías diversas,
y de sustento ordinario:
pan, aceite, vino y leña,
frutas de infinita suerte,
nieve de Sierra de Estrella
que por las calles a gritos,

puesta sobre las cabezas,
la venden. Mas qué me canso,
porque es contar las estrellas
querer contar una parte
de la ciudad opulenta.
Ciento y treinta mil vecinos
tiene, gran señor, por cuenta,
y por no cansarte más,
un rey que tus manos besa.

REY.   Más estimo, don Gonzalo,
escuchar de vuestra lengua
esa relación sucinta,
que haber visto su grandeza.
¿Tenéis hijos?

D. GON.   Gran señor,
una hija hermosa y bella,
en cuyo rostro divino
se esmeró naturaleza.

REY.   Pues yo os la quiero casar
de mi mano.

D. GON.   Como sea
tu gusto, digo, señor,
que yo lo acepto por ella.
Pero ¿quién es el esposo?

REY.   Aunque no está en esta tierra,
es de Sevilla, y se llama
don Juan Tenorio.

D. GON.   Las nuevas
voy a llevar a doña Ana.

REY.   Id en buena hora, y volved,
Gonzalo, con la respuesta.

Vanse y sale DON JUAN TENORIO *y*
CATALINÓN.

D. JUAN.   Esas dos yeguas prevén,
pues acomodadas son.

CATAL. Aunque soy Catalinón,
soy, señor, hombre de bien;
    que no se dijo por mí:
    "Catalinón es el hombre";
    que sabes que aquese nombre
    me asienta al revés a mí.

D. JUAN. Mientras que los pescadores
van de regocijo y fiesta,
    tú las dos yeguas apresta,
    que de sus pies voladores
        sólo nuestro engaño fío.

CATAL. Al fin ¿pretendes gozar
a Tisbea?

D. JUAN.   Si burlar
es hábito antiguo mío,
    ¿qué me preguntas, sabiendo
mi condición?

CATAL.   Ya sé que eres
castigo de las mujeres.

D. JUAN. Por Tisbea estoy muriendo,
    que es buena moza.

CATAL.   ¡Buen pago
a su hospedaje deseas!

D. JUAN. Necio, lo mismo hizo Eneas
con la reina de Cartago.

CATAL. Los que fingís y engañáis
las mujeres desa suerte
lo pagaréis con la muerte.

D. JUAN. ¡Qué largo me lo fiáis!
    Catalinón con razón
te llaman.

CATAL.   Tus pareceres
sigue, que en burlar mujeres
quiero ser Catalinón.
    Ya viene la desdichada.

30

D. JUAN. Vete, y las yeguas prevén.

CATAL. ¡Pobre mujer! Harto bien
te pagamos la posada.

Vase CATALINÓN *y sale* TISBEA.

TISBEA. El rato que sin ti estoy
estoy ajena de mí.

D. JUAN. Por lo que finges ansí,
ningún crédito te doy.

TISBEA. ¿Por qué?

D. JUAN. Porque, si me amaras,
mi alma favorecieras.

TISBEA. Tuya soy.

D. JUAN. Pues di, ¿qué esperas,
o en qué, señora, reparas?

TISBEA. Reparo en que fué castigo
de amor el que he hallado en ti.

D. JUAN. Si vivo, mi bien, en ti
a cualquier cosa me obligo.
Aunque yo sepa perder
en tu servicio la vida,
la diera por bien perdida,
y te prometo de ser
tu esposo.

TISBEA. Soy desigual
a tu ser.

D. JUAN. Amor es rey
que iguala con justa ley
la seda con el sayal.

TISBEA. Casi te quiero creer;
mas sois los hombres traidores.

D. JUAN. ¿Posible, es, mi bien, que ignores
mi amoroso proceder?
Hoy prendes con tus cabellos
mi alma.

TISBEA.	Yo a ti me allano bajo la palabra y mano de esposo.
D. JUAN.	Juro, ojos bellos, que mirando me matáis, de ser vuestro esposo.
TISBEA.	Advierte, mi bien, que hay Dios y que hay muerte.
D. JUAN.	¡Qué largo me lo fiáis! Y mientras Dios me dé vida, yo vuestro esclavó seré. Esta es mi mano y mi fe.
TISBEA.	No seré en pagarte esquiva.
D. JUAN.	Ya en mí mismo no sosiego.
TISBEA.	Ven, y será la cabaña del amor que me acompaña tálamo de nuestro fuego. Entre estas cañas te esconde hasta que tenga lugar.
D. JUAN.	¿Por dónde tengo de entrar?
TISBEA.	Ven y te diré por dónde.
D. JUAN.	Gloria al alma, mi bien, dais.
TISBEA.	Esa voluntad te obligue, y si no, Dios te castigue.
D. JUAN.	¡Qué largo me lo fiáis!

Vanse y sale CORIDÓN, ANFRISO,
BELISA *y* MÚSICOS.

CORID.	Ea, llamad a Tisbea, y los zagales llamad para que en la soledad el huésped la corte vea.
ANFRIS.	¡Tisbea, Usindra, Atandria! No vi cosa más cruel.

¡Triste y mísero de aquel
que [en] su fuego es salamandria!
Antes que el baile empecemos
a Tisbea prevengamos.

BELISA. Vamos a llamarla.

CORID.   Vamos.

BELISA. A su cabaña lleguemos.

CORID.   ¿No ves que estará ocupada
con los huéspedes dichosos,
de quien hay mil envidiosos?

ANFRIS. Siempre es Tisbea envidiada.

BELISA.   Cantad algo mientras viene,
porque queremos bailar.

ANFRIS. ¿Cómo podrá descansar
cuidado que celos tiene?
    (*Cantan*):
    A pescar salió la niña
    tendiendo redes;
    y, en lugar de peces,
    las almas prende.

                Sale TISBEA.

TISBEA.   ¡Fuego, fuego, que me quemo,
que mi cabaña se abrasa!
Repicad a fuego, amigos,
que ya dan mis ojos agua.
Mi pobre edificio queda
hecho otra Troya en las llamas,
que después que faltan Troyas
quiere amor quemar cabañas.
Mas si amor abrasa peñas
con gran ira y fuerza estraña,
más podrán de su rigor
reservarse humildes pajas.
¡Fuego, zagales, fuego, agua, agua!
¡Amor, clemencia, que se abrasa el alma!

M   33   3

¡Ay, choza, vil instrumento
de mi deshonra y mi infamia!
¡Cueva de ladrones fiera,
que mis agravios ampara!
Rayos de ardientes estrellas
en tus cabelleras caigan,
porque abrasadas estén,
si del viento mal peinadas.
¡Ah, falso huésped, que dejas
una mujer deshonrada!
Nube que del mar salió
para anegar mis entrañas.
¡Fuego, fuego, zagales, agua, agua!
¡Amor, clemencia, que se abrasa el alma!
  Yo soy la que hacía siempre
de los hombres burla tanta;
que siempre las que hacen burla,
vienen a quedar burladas.
Engañóme' el caballero
debajo de fe y palabra
de marido, y profanó
mi honestidad y mi cama.
Gozóme al fin, y yo propia
le di a su rigor las alas
en dos yeguas que crié,
con que me burló y se escapa.
Seguilde todos, seguilde.
Mas no importa que se vaya,
que en la presencia del rey
tengo de pedir venganza.
¡Fuego, fuego, zagales, agua, agua!
¡Amor, clemencia, que se abrasa el alma!
                (*Vase* TISBEA.)

CORID. Seguid al vil caballero.

ANFRIS. ¡Triste del que pena y calla!
Mas ¡vive el cielo! que en él,
me he de vengar desta ingrata.
Vamos tras ella nosotros,

	porque va desesperada,
	y podrá ser que ella vaya
	buscando mayor desgracia.
CORID.	Tal fin la soberbia tiene.
	¡Su locura y confianza
	paró en esto!

      (*Dice* TISBEA *dentro*: ¡Fuego, fuego!)

ANFRIS.	Al mar se arroja.
CORID.	Tisbea, detente y para.
TISBEA.	¡Fuego, fuego, zagales, agua, agua!
	¡Amor, clemencia, que se abrasa el alma!

JORNADA SEGUNDA

Sale el REY DON ALONSO *y* DON
   DIEGO TENORIO, *de barba*.

REY.	¿Qué me dices?
D. DIEG.	Señor, la verdad digo.
	Por esta carta estoy del caso cierto,
	que es de tu embajador y de mi hermano:
	halláronle en la cuadra del rey mismo
	con una hermosa dama de palacio.
REY.	¿Qué calidad?
D. DIEG.	Señor, la duquesa
	Isabela.
REY.	¿Isabela?
D. DIEG.	Por lo menos...
REY.	¡Atrevimiento temerario! ¿Y dónde
	ahora está?
D. DIEG.	Señor, a vuestra alteza
	no he de encubrille la verdad. Anoche
	a Sevilla llegó con un criado.

REY.   Ya conocéis, Tenorio, que os estimo,
       y al rey informaré del caso luego,
       casando a ese rapaz con Isabela,
       volviendo a su sosiego al duque Octavio,
       que inocente padece; y luego al punto
       haced que don Juan salga desterrado.

D. DIEG. ¿Adónde, mi señor?

REY.   Mi enojo vea
       en el destierro de Sevilla; salga
       a Lebrija esta noche, y agradezca
       sólo al merecimiento de su padre.
       Pero, decid, don Diego, ¿qué diremos
       a Gonzalo de Ulloa, sin que erremos?
       Caséle con su hija, y no sé cómo
       lo puedo ahora remediar.

D. DIEG.   Pues mira,
       gran señor, ¿qué mandas que yo haga
       que esté bien al honor de esta señora,
       hija de un padre tal?

REY.   Un medio tomo,
       con que absolvello del enojo entiendo:
       mayordomo mayor pretendo hacelle.

              Sale un CRIADO.

CRIADO. Un caballero llega de camino,
         y dice, señor, que es el duque Octavio.

REY.   ¿El duque Octavio?

CRIADO.   Sí, señor.

REY.   Sin duda
       que supo de don Juan el desatino,
       y que viene, incitado a la venganza,
       a pedir que le otorgue desafío.

D. DIEG. Gran señor, en tus heroicas manos
       está mi vida, que mi vida propia
       es la vida de un hijo inobediente;
       que, aunque mozo, gallardo y valeroso,
       y le llaman los mozos de su tiempo

el Héctor de Sevilla, porque ha hecho
tantas y tan extrañas mocedades,
la razón puede mucho. No permitas
el desafío, si es posible.

REY.   Basta.
Ya os entiendo, Tenorio: honor de padre.
Entre el duque.

D. DIEG.   Señor, dame esas plantas.
¿Cómo podré pagar mercedes tantas?

Sale el DUQUE OCTAVIO, *de camino.*

OCTAV.   A esos pies, gran señor, un peregrino,
mísero y desterrado, ofrece el labio,
juzgando por más fácil el camino
en vuestra gran presencia.

REY.   Duque Octavio.

OCTAV.   Huyendo vengo el fiero desatino
de una mujer, el no pensado agravio
de un caballero que la causa ha sido
de que así a vuestros pies haya venido.

REY.   Ya, duque Octavio, sé vuestra ino-
                                cencia.
Yo al rey escribiré que os restituya
en vuestro estado, puesto que el ausencia
que hicisteis algún daño os atribuya.
Yo os casaré en Sevilla con licencia
y también con perdón y gracia suya,
que puesto que Isabela un ángel sea,
mirando la que os doy, ha de ser fea.
    Comendador mayor de Calatrava
es Gonzalo de Ulloa, un caballero
a quien el moro por temor alaba,
que siempre es el cobarde lisonjero.
Este tiene una hija en quien bastaba
en dote la virtud, que considero,
después de la verdad, que es maravilla;
y el sol de ella es estrella de Castilla.
    Esta quiero que sea vuestra esposa.

37

OCTAV.   Cuando este viaje le emprendiera
a sólo eso, mi suerte era dichosa
sabiendo yo que vuestro gusto fuera.

REY.   Hospedaréis al duque, sin que cosa
en su regalo falte.

OCTAV.   Quien espera
en vos, señor, saldrá de premios lleno.
Primero Alfonso sois, siendo el onceno.

Vase el REY *y* DON DIEGO, *y sale* RIPIO.

RIPIO.   ¿Qué ha sucedido?

OCTAV.   Que he dado
el trabajo recebido,
conforme me ha sucedido,
desde hoy por bien empleado.
      Hablé al rey, vióme y honróme.
César con el César fuí,
pues vi, peleé y vencí;
y hace que esposa tome
      de su mano, y se prefiere
a desenojar al rey
en la fulminada ley.

RIPIO.   Con razón el nombre adquiere
      de generoso en Castilla.
Al fin, ¿te llegó a ofrecer
mujer?

OCTAV.   Sí, amigo, mujer
de Sevilla, que Sevilla
      da, si averiguallo quieres,
porque de oíllo te asombres,
si fuertes y airosos hombres,
también gallardas mujeres.
      Un manto tapado, un brío,
donde un puro sol se asconde,
si no es en Sevilla, ¿adónde
se admite? El contento mío
      es tal que ya me consuela
en mi mal.

38

Sale DON JUAN *y* CATALINÓN.

CATAL.   Señor: detente,
que aquí está el duque, inocente
Sagitario de Isabela,
    aunque mejor le [diré]
Capricornio.

D. JUAN.   Disimula.

CATAL.   Cuando le vende le adula.

D. JUAN.   Como a Nápoles dejé
    por enviarme a llamar
con tanta priesa mi rey,
y como su gusto es ley,
no tuve, Octavio, lugar
    de despedirme de vos
de ningún modo.

OCTAV.   Por eso,
don Juan, amigo os confieso:
que hoy nos juntamos los dos
    en Sevilla.

D. JUAN.   ¡Quién pensara,
duque, que en Sevilla os viera
para que en ella os sirviera,
como yo lo deseaba!
[Dejéos], mas aunque es lugar
Nápoles tan excelente,
por Sevilla solamente
se puede amigo dejar.

OCTAV.   Si en Nápoles os oyera
y no en la parte que estoy,
del crédito que ahora os doy
sospecho que me riera.
    Mas llegándola a habitar
es, por lo mucho que alcanza,
corta cualquiera alabanza
que a Sevilla queréis dar.
    ¿Quién es el que viene allí?

D. JUAN. El que viene es el marqués
de la Mota. Descortés
es fuerza ser.

OCTAV. Si de mí
algo hubiereis menester,
aquí espada y brazo está.

CATAL. [*Ap*.] Y si importa gozará
en su nombre otra mujer;
que tiene buena opinión.

D. JUAN. De vos estoy satisfecho.

CATAL. Si fuere de algún provecho,
señores, Catalinón,
vuarcedes continuamente
me hallarán para servillos.

RIPIO. ¿Y dónde?

CATAL. En los Pajarillos,
tabernáculo excelente.

Vase OCTAVIO *y* RIPIO, *y sale el*
MARQUÉS DE LA MOTA.

MOTA. Todo hoy os ando buscando,
y no os he podido hallar.
¿Vos, don Juan, en el lugar,
y vuestro amigo penando
en vuestra ausencia?

D. JUAN. ¡Por Dios,
amigo, que me debéis
esa merced que me hacéis!

CATAL. [*Ap*.] Como no lo entreguéis vos
moza o cosa que lo valga,
bien podéis fiaros dél;
que, en cuanto en esto es cruel,
tiene condición hidalga.

D. JUAN. ¿Qué hay de Sevilla?

MOTA. Está ya
toda esta corte mudada.

40

D. JUAN.   ¿Mujeres?

MOTA.   Cosa juzgada.

D. JUAN.   ¿Inés?

MOTA.   A Vejel se va.

D. JUAN.   Buen lugar para vivir
la que tan dama nació.

MOTA.   El tiempo la desterró
a Vejel.

D. JUAN.   Irá a morir.
¿Costanza?

MOTA.   Es lástima vella
lampiña de frente y ceja.
Llámale el portugués vieja,
y ella imagina que bella.

D. JUAN.   Sí, que *velha* en portugués
suena vieja en castellano.
¿Y Teodora?

MOTA.   Este verano
se escapó del mal francés,

.   .   .   .

y está tan tierna y reciente,
que anteayer me arrojó un diente
envuelto entre muchas flores.

D. JUAN.   ¿Julia, la del Candilejo?

MOTA.   Ya con sus afeites lucha.

D. JUAN.   ¿Véndese siempre por trucha?

MOTA.   Ya se da por abadejo.

D. JUAN.   El barrio de Cantarranas,
¿tiene buena población?

MOTA.   Ranas las más dellas son.

D. JUAN.   ¿Y viven las dos hermanas?

MOTA.   Y la mona de Tolú
de su madre Celestina
que les enseña dotrina.

41

D. JUAN. ¡Oh, vieja de Bercebú!
　　　　¿Cómo la mayor está?

MOTA.　　Blanca, sin blanca ninguna;
　　　　tiene un santo a quien ayuna.

D. JUAN. ¿Agora en vigilias da?

MOTA.　　Es firme y santa mujer.

D. JUAN. ¿Y esotra?

MOTA.　　　　　　　Mejor principio
　　　　tiene; no desecha ripio.

D. JUAN. Buen albañir quiere ser.
　　　　Marqués: ¿qué hay de perros
　　　　　　muertos?

MOTA.　　Yo y don Pedro de Esquivel
　　　　dimos anoche un cruel,
　　　　y esta noche tengo ciertos
　　　　　　otros dos.

D. JUAN.　　　　　　Iré con vos,
　　　　que también recorreré
　　　　cierto nido que dejé
　　　　en güevos para los dos.
　　　　¿Qué hay de terrero?

MOTA.　　　　　　　　　No muero
　　　　en terrero, que en-terrado
　　　　me tiene mayor cuidado.

D. JUAN. ¿Cómo?

MOTA.　　　　　Un imposible quiero.

D. JUAN. Pues ¿no os corresponde?

MOTA.　　　　　　　　　　Sí.
　　　　me favorece y estima.

D. JUAN. ¿Quién es?

MOTA.　　　　　　Doña Ana, mi prima,
　　　　que es recién llegada aquí.

D. JUAN. Pues ¿dónde ha estado?

MOTA.　　　　　　　　　　En Lisboa,
　　　　con su padre en la embajada.

42

D. JUAN. ¿Es hermosa?

MOTA. Es estremada,
porque en doña Ana de Ulloa
se estremó naturaleza.

D. JUAN. ¿Tan bella es esa mujer?
¡Vive Dios que la he de ver!

MOTA. Veréis la mayor belleza
que los ojos del rey ven.

D. JUAN. Casaos, pues es estremada.

MOTA. El rey la tiene casada,
y no se sabe con quién.

D. JUAN. ¿No os favorece?

MOTA. Y me escribe.

CATAL. [*Ap.*] No prosigas, que te engaña
el gran burlador de España.

D. JUAN. ¡Quién tan satisfecho vive!

MOTA. Agora estoy aguardando
la postrer resolución.

D. JUAN. Pues no perdáis la ocasión,
que aquí estoy aguardando.

MOTA. Ya vuelvo.
Vase el MARQUÉS *y el* CRIADO.

CATAL. Señor Cuadrado
o señor Redondo, adiós.

CRIADO. Adiós.

D. JUAN. Pues solos los dos,
amigo, habemos quedado,
sigue los pasos al marqués,
que en el palacio se entró.
(*Vase* CATALINÓN.)

Habla por una reja una MUJER.

MUJER. Ce, ce ¿a quién digo?

D. JUAN. ¿Quién llamó?

43

MUJER.	Pues sois prudente y cortés
	y su amigo, dalde luego
	al marqués este papel;
	mirad que consiste en él
	de una señora el sosiego.
D. JUAN.	Diego que se lo daré;
	soy su amigo y caballero.
MUJER.	Basta, señor forastero.
	Adiós. *(Vase.)*
D. JUAN.	Ya la voz se fué.
	¿No parece encantamento
	esto que agora ha pasado?
	A mí el papel ha llegado
	por la estafeta del viento.
	Sin duda que es de la dama
	que el marqués me ha encarecido:
	venturoso en esto he sido.
	Sevilla a voces me llama
	el Burlador, y el mayor
	gusto que en mí puede haber
	es burlar una mujer
	y dejalla sin honor.
	¡Vive Dios, que le he de abrir,
	pues salí de la plazuela!
	Mas, ¿si hubiese otra cautela?...
	Gana me da de reír.
	Ya está abierto el papel;
	y que es suyo es cosa llana,
	porque aquí firma doña Ana.
	Dice así: "Mi padre infiel
	en secreto me ha casado
	sin poderme resistir;
	no sé si podré vivir,
	porque la muerte me ha dado.
	Si estimas, como es razón,
	mi amor y mi voluntad,
	y si tu amor fué verdad,
	muéstralo en esta ocasión.

Por que veas que te estimo,
ven esta noche a la puerta,
que estará a las once abierta,
donde tu esperanza, primo,
    goces, y el fin de tu amor.
Traerás, mi gloria, por señas
de Leonorilla y las dueñas,
una capa de color.
    Mi amor todo de ti fío,
y adiós." ¡Desdichado amante!
¿Hay suceso semejante?
Ya de la burla me río.
    Gozaréla, ¡vive Dios!,
con el engaño y cautela
que en Nápoles a Isabela.

Sale CATALINÓN.

CATAL.   Ya el marqués viene.

D. JUAN.   Los dos
    aquesta noche tenemos
que hacer.

CATAL.   ¿Hay engaño nuevo?

D. JUAN. Estremado.

CATAL.   No lo apruebo.
    Tú pretendes que escapemos
    una vez, señor, burlados;
que el que vive de burlar
burlado habrá de escapar
[pagando tantos pecados]
    de una vez.

D. JUAN.   ¿Predicador
te vuelves, impertinente?

CATAL.   La razón hace al valiente.

D. JUAN. Y al cobarde hace el temor.
    El que se pone a servir
voluntad no ha de tener,

y todo ha de ser hacer,
y nada ha de ser decir.
       Sirviendo, jugando estás,
y si quieres ganar luego,
haz siempre, porque en el juego,
quien más hace gana más.

CATAL.   [Y] también quien hace y dice
pierde por la mayor parte.

D. JUAN. Esta vez quiero avisarte,
porque otra vez no te avise.

CATAL.   Digo que de aquí adelante
lo que me mandas haré,
y a tu lado forzaré
un tigre, un elefante.
       Guárdese de mí un prior,
que si me mandas que calle
y le fuerce, he de forzalle
sin réplica, mi señor.

Sale el MARQUÉS DE LA MOTA.

D. JUAN.   Calla, que viene el marqués.

CATAL.   Pues, ¿ha de ser el forzado?

D. JUAN. Para vos, marqués, me han dado
un recaudo harto cortés
       por esa reja, sin ver
el que me lo daba allí;
sólo en la voz conocí
que me lo daba mujer.
       Dícete al fin que a las doce
vayas secreto a la puerta
[*Ap.*] (que estará a las once abierta),
donde tu esperanza goce
       la posesión de tu amor;
y que llevases por señas
de Leonorilla y las dueñas
una capa de color.

MOTA.   ¿Qué dices?

46

D. JUAN.   Que este recaudo
de una ventana me dieron,
sin ver quién.

MOTA.   Con él pusieron
sosiego en tanto cuidado.
    ¡Ay amigo! Sólo en ti
mi esperanza renaciera.
Dame esos brazos.

D. JUAN.   Considera
que no está tu prima en mí.
    Eres tú quien ha de ser
quien la tiene de gozar,
¿y me llegas a abrazar
los pies?

MOTA.   Es tal el placer,
que me ha sacado de mí.
    ¡Oh, sol! apresura el paso.

D. JUAN. Ya el sol camina al ocaso.

MOTA. Vamos, amigos, de aquí,
    y de noche nos pondremos.
¡Loco voy!

D. JUAN. [*Ap.*]   Bien se conoce;
mas yo bien sé que a las doce
harás mayores estremos.

MOTA.   ¡Ay, prima del alma, prima,
que quieres premiar mi fe!

CATAL.   [*Ap.*] ¡Vive Cristo, que no dé
una blanca por su prima!

Vase el MARQUÉS *y sale* DON DIEGO.

D. DIEG.   ¿Don Juan?

CATAL.   Tu padre te llama.

D. JUAN. ¿Qué manda vueseñoría?

D. DIEG. Verte más cuerdo quería,
más bueno y con mejor fama.
    ¿Es posible que procuras
todas las horas mi muerte?

D. JUAN. ¿Por qué vienes desa suerte?

D. DIEG. Por tu trato y tus locuras.
  Al fin el rey me ha mandado
que te eche de la ciudad,
porque está de una maldad
con justa causa indignado.
  Que, aunque me lo has encubierto,
ya en Sevilla el rey lo sabe,
cuyo delito es tan grave,
que a decírtelo no acierto.
  ¿En el palacio real
traición y con un amigo?
Traidor, Dios te dé el castigo
que pide delito igual.
  Mira que, aunque al parecer
Dios te consiente y aguarda,
su castigo no se tarda,
y que castigo ha de haber
  para los que profanáis
su nombre, que es juez fuerte
Dios en la muerte.

D. JUAN.   ¿En la muerte?
¿Tan largo me lo fiáis?
  De aquí allá hay gran jornada.

D. DIEG. Breve te ha de parecer.

D. JUAN. Y la que tengo de hacer,
pues a su alteza le agrada,
  agora, ¿es larga también?

D. DIEG. Hasta que el injusto agravio
satisfaga el duque Octavio,
y apaciguados estén
  en Nápoles de Isabela
los sucesos que has causado,
en Lebrija retirado
por tu traición y cautela,
  quiere el rey que estés agora:
pena a tu maldad ligera.

CATAL. (*Aparte.*) Si el caso también supiera
de la pobre pescadora,
más se enojara el buen viejo.

D. DIEG. Pues no te vence castigo
con cuanto hago y cuanto digo,
a Dios tu castigo dejo.   (*Vase.*)

CATAL.   Fuése el viejo enternecido.

D. JUAN. Luego las lágrimas copia,
condición de viejo propia.
Vamos, pues ha anochecido,
a buscar al marqués.

CATAL.   Vamos,
y al fin gozarás su dama.

D. JUAN. Ha de ser burla de fama.

CATAL. Ruego al cielo que salgamos
della en paz.

D. JUAN.   ¡Catalinón,
en fin!

CATAL.   Y tú, señor, eres
langosta de las mujeres,
y con público pregón,
porque de ti se guardara
cuando a noticia viniera
de la que doncella fuera,
fuera bien se pregonara:
"Guárdense todos de un hombre
que a las mujeres engaña,
y es el burlador de España."

D. JUAN. Tú me has dado gentil nombre.

Sale el MARQUÉS, *de noche, con* MÚSICOS, *y pasea*
el tablado, y se entran cantando.

MÚSIC. [*Cantan.*]
El que un bien gozar espera,
cuanto espera desespera.

MOTA. Como yo a mi bien goce,
nunca llegue a amanecer.

D. JUAN.	¿Qué es esto?
CATAL.	Música es.
MOTA.	Parece que habla conmigo
	el poeta. ¿Quién va?
D. JUAN.	Amigo.
MOTA.	¿Es don Juan?
D. JUAN.	¿Es el marqués?
MOTA.	¿Quién puede ser sino yo?
D. JUAN.	Luego que la capa vi,
	que érades vos conocí.
MOTA.	Cantad, pues don Juan llegó.
MÚSIC.	[*Cantan.*]

El que un bien gozar espera,
cuanto espera desespera.

D. JUAN.	¿Qué casa es la que miráis?
MOTA.	De don Gonzalo de Ulloa.
D. JUAN.	¿Dónde iremos?
MOTA.	A Lisboa.
D. JUAN.	¿Cómo, si en Sevilla estáis?
MOTA.	Pues ¿aqueso os maravilla?
	¿No vive con gusto igual,
	lo peor de Portugal
	en lo mejor de Castilla?
D. JUAN.	¿Dónde viven?
MOTA.	En la calle
	de la Sierpe, donde ves,
	[a Adán vuelto] en portugués;
	que en aqueste amargo valle
	con bocados solicitan
	mil Evas que, aunque [dorados,]
	en efecto, son [bocados]
	con que el dinero nos quitan.
CATAL.	Ir de noche no quisiera
	por esa calle cruel,
	pues lo que de día es miel
	entonces lo dan en cera.

             Una noche, por mi mal,
             la vi sobre mí [vertida,]
             y hallé que era corrompida
             la cera de Portugal.
D. JUAN.   Mientras a la calle vais,
             yo dar un perro quisiera.
MOTA.   Pues cerca de aquí me espera
             un bravo.
D. JUAN.   Si me dejáis,
             señor marqués, vos veréis
             cómo de mí no se escapa.
MOTA.   Vamos y poneos mi capa,
             para que mejor lo deis.
D. JUAN.   Bien habéis dicho. Venid,
             y me enseñaréis la casa.
MOTA.   Mientras el suceso pasa,
             la voz y el habla fingid.
                 ¿Veis aquella celosía?
D. JUAN. Ya la veo.
MOTA.   Pues llegad
             y decid: "Beatriz", y entrad.
D. JUAN. ¿Qué mujer?
MOTA.   Rosada y fría.
CATAL.   Será mujer cantimplora.
MOTA.   En Gradas os aguardamos.
D. JUAN. Adiós, marqués.
CATAL.   ¿Dónde vamos?
D. JUAN. Calla, necio, calla agora;
             adonde la burla mía
                 ejecute.
CATAL.   No se escapa
             nadie de ti.
D. JUAN.   El trueque adoro.
CATAL.   Echaste la capa al toro.
D. JUAN. No, el toro me echó la capa.
            [*Vanse* DON JUAN *y* CATALINÓN.]

MOTA.   La mujer ha de pensar
              que soy él.

MÚSIC.   ¡Qué gentil perro!

MOTA.   Esto es acertar por yerro.

MÚSIC.   (*Cantan.*)
            El que un bien gozar espera,
            cuanto espera desespera.
               (*Vanse, y dice* DOÑA ANA *dentro.*)

ANA.   ¡Falso!, ¿no eres el marqués?
           ¿que me has engañado?

D. JUAN.   Digo
           que lo soy.

ANA.   ¡Fiero enemigo,
          mientes, mientes!

   Sale DON GONZALO *con la espada desnuda.*

D. GON.   La voz es
          de doña Ana la que siento.

ANA.   ¿No hay quien mate este traidor,
         homicida de mi honor?

D. GON.   ¿Hay tan grande atrevimiento?
         Muerto honor, dijo, ¡ay de mí!,
       y es su lengua tan liviana
       que aquí sirve de campana.

ANA.   Matalde.

   Sale DON JUAN *y* CATALINÓN *con las*
       espadas desnudas.

D. JUAN.   ¿Quién está aquí?

D. GON.   La barbacana caída
       de la torre de mi honor,
       echaste en tierra, traidor,
       donde era alcaide la vida.

D. JUAN.   Déjame pasar.

D. GON.   ¿Pasar?
       Por la punta desta espada.

D. JUAN. Morirás.

D. GON.   No importa nada.

D. JUAN. Mira que te he de matar.

D. GON.   ¡Muere, traidor!

D. JUAN.   Desta suerte
muero.

CATAL.   Si escapo de esta,
no más burlas, no más fiesta.

D. GON. ¡Ay, que me has dado la muerte!

D. JUAN.   Tú la vida te quitaste.

D. GON. ¿De qué la vida servía?

D. JUAN. Huyamos.

               (*Vase* DON JUAN *y* CATALINÓN.)

D. GON.   La sangre fría
con el furor aumentaste.
     Muerto soy; no hay bien que aguarde.
Seguiráte mi furor;
que es traidor, y el que es traidor
es traidor porque es cobarde.

Entran muerto a DON GONZALO, *y sale el*
MARQUÉS DE LA MOTA *y* MÚSICOS.

MOTA.   Presto las doce darán,
y mucho don Juan se tarda:
¡fiera prisión del que aguarda!

Sale DON JUAN *y* CATALINÓN.

D. JUAN. ¿Es el marqués?

MOTA.   ¿Es don Juan?

D. JUAN.   Yo soy; tomad vuestra capa.

MOTA. ¿Y el perro?

D. JUAN.   Funesto ha sido.
Al fin, marqués, muerto ha habido.

CATAL. Señor, del muerto te escapa.

MOTA.   ¿Búrlaste, amigo? ¿Qué haré?

CATAL. (*Ap.*) Y a vos os ha burlado.

53

D. JUAN. Cara la burla ha costado.

MOTA. Yo, don Juan, lo pagaré,
porque estará la mujer
quejosa de mí.

D. JUAN. Adiós
marqués.

CATAL. A fe que los dos
mal pareja han de correr.

D. JUAN. Huyamos.

CATAL. Señor, no habrá
águila que a mí me alcance.

MOTA. Vosotros os podéis ir,
porque quiero ir solo.

Vanse y queda el MARQUÉS DE LA MOTA.

(*Dentro*: ¿Vióse desdicha mayor,
y vióse mayor desgracia?)

MOTA. ¡Válgame Dios! Voces siento
en la plaza del Alcázar.
¿Qué puede ser a estas horas?
Un hielo el pecho me arraiga.
Desde aquí parece todo
una Troya que se abrasa,
porque tantas luces juntas
hacen gigantes de llamas.
Un grande escuadrón de hachas
se acerca a mí; ¿porqué anda
el fuego emulando estrellas,
dividiéndose en escuadras?
Quiero saber la ocasión.

Sale DON DIEGO TENORIO *y la* GUARDIA
con hachas.

D. DIEG. ¿Qué gente?

MOTA. Gente que aguarda
saber de aqueste ruido
el alboroto y la causa.

D. DIEG. Prendeldo.

MOTA. ¡Prenderme a mí! [*Mete
mano a la espada.*]

D. DIEG. Volved la espada a la vaina,
que la mayor valentía
es no tratar de las armas.

MOTA. ¿Cómo al marqués de la Mota
hablan ansí?

D. DIEG. Dad la espada,
que el rey os manda prender.

MOTA. ¡Vive Dios!

Sale el REY *y acompañamiento.*

REY. En toda España
no ha de caber, ni tampoco
en Italia, si va a Italia.

D. DIEG. Señor, aquí está el marqués.

MOTA. Gran señor, ¿Vuestra Alteza
a mí me manda prender?

REY. Llevalde luego y ponelde
la cabeza en una escarpia.
¿En mi presencia te pones?

MOTA. ¡Ah, glorias de amor tiranas,
siempre en el pasar ligeras,
como en el vivir pesadas!
Bien dijo un sabio que había
entre la boca y la taza
peligro; mas el enojo
del rey me admira y espanta.
No sé por lo que voy preso.

D. DIEG. ¿Quién mejor sabrá la causa
que vueseñoría?

MOTA. ¿Yo?

D. DIEG. Vamos.

MOTA.   ¡Confusión extraña!

REY.   Fulmínesele el proceso
             al marqués luego, y mañana
             le cortarán la cabeza.
             Y al comendador, con cuanta
             solemnidad y grandeza
             se da a las personas sacras
             y reales, el entierro
             se haga; en bronce y piedras varias
             un sepulcro con un bulto
             le ofrezcan, donde en mosaicas
             labores, góticas letras
             den lenguas a sus venganzas.
             Y entierro, bulto y sepulcro
             quiero que a mi costa se haga.
             ¿Dónde doña Ana se fué?

D. DIEG.   Fuése al sagrado, doña Ana,
             de mi señora la reina.

REY.   Ha de sentir esta falta
             Castilla; tal capitán
             ha de llorar Calatrava.   (*Vanse todos.*)

     Sale BATRICIO *desposado con* AMINTA;
GASENO, *viejo*; BELISA *y* PASTORES *músicos.*

             (*Cantan.*)
                 Lindo sale el sol de abril
             con trébol y torongil,
                 y aunque le sirva de estrella,
             Aminta sale más bella.

BATRIC.   Sobre esta alfombra florida,
             adonde, en campos de escarcha,
             el sol sin aliento marcha
             con su luz recién nacida,
             os sentad, pues nos convida
                 al tálamo el sitio hermoso.

AMINTA.   Cantalde a mi dulce esposo
             favores de mil en mil.

56

(*Cantan.*)
  Lindo sale el sol de abril
con trébol y torongil,
    y aunque le sirva de estrella,
Aminta sale más bella.

GASENO. Muy bien lo habéis solfeado;
no hay más sones en el kyries.

BATRIC. Cuando con sus labios tiries
vuelve en púrpura [las rosas]
saldrán, aunque vergonzosas,
afrentando el sol de abril.

AMINTA. Batricio, yo lo agradezco;
falso y lisonjero estás;
mas si tus rayos me das,
por ti ser luna merezco.
Tú eres el sol por quien crezco
  después de salir menguante.
Para que el alba te cante
la salva en tono sutil,
(*Cantan.*)
lindo sale el sol, etc.

Sale CATALINÓN, *de camino.*

CATAL.   Señores, el desposorio
huéspedes ha de tener.

GASENO. A todo el mundo ha de ser
este contento notorio.
¿Quién viene?

CATAL.   Don Juan Tenorio.

GASENO.   ¿El viejo?

CATAL.   No es ese don Juan.

BELISA. Será su hijo galán.

BATRIC. Téngolo por mal agüero,
que galán y caballero
quitan gusto y celos dan.
  Pues ¿quién noticia les dió
de mis bodas?

57

CATAL.   De camino
pasa a Lebrija.

BATRIC.   Imagino
que el demonio le envió.
Mas, ¿de qué me aflijo yo?
Vengan a mis dulces bodas
del mundo las gentes todas.
Mas, con todo, un caballero
en mis bodas, ¡mal agüero!

GASENO. Venga el Coloso de Rodas,
venga el Papa, el Preste Juan
y don Alfonso el Onceno
con su corte, que en Gaseno
ánimo y valor verán.
Montes en casa hay de pan,
Guadalquivides de vino,
Babilonias de tocino,
y entre ejércitos cobardes
de aves, para que las [lardes,]
el pollo y el palomino.
Venga tan gran caballero
a ser hoy en Dos Hermanas
honra destas viejas canas.

BELISA. El hijo del camarero
mayor. . .

BATRIC.   Todo es mal agüero
para mí, pues le han de dar
junto a mi esposa lugar.
Aun no gozo, y ya los cielos
me están condenando a celos.
Amor, sufrir y callar.

Sale DON JUAN TENORIO.

D. JUAN. Pasando acaso he sabido
que hay bodas en el lugar,
y dellas quise gozar,
pues tan venturoso he sido.

GASENO. Vueseñoría ha venido
a honrallas y engrandecellas.

BATRIC. Yo, que soy el dueño dellas
digo entre mí que vengáis
en hora mala.

GASENO.   ¿No dais
lugar a este caballero?

D. JUAN. Con vuestra licencia quiero
sentarme aquí.
                    (*Siéntase junto a la novia.*)

BATRIC.   Si os sentáis
delante de mí, señor,
seréis de aquesa manera
el novio.

D. JUAN.   Cuando lo fuera,
no escogiera lo peor.

GASENO. ¡Que es el novio!

D. JUAN.   De mi error
e ignorancia [perdón pido.]

CATAL. [*Ap.*] ¡Desventurado marido!

D. JUAN. [*Ap. a Catal.*] Corrido está.

CATAL. [*Ap.*]   No lo ignoro;
mas si tiene de ser toro,
¿qué mucho que esté corrido?
    No daré por su mujer
ni por su honor un cornado.
¡Desdichado tú, que has dado
en manos de Lucifer!

D. JUAN. ¿Posible es que vengo a ser,
señora, tan venturoso?
Envidia tengo al esposo.

AMINTA. Parecéisme lisonjero.

BATRIC. Bien dije que es mal agüero
en bodas un poderoso.

59

GASENO.   Ea, vamos a almorzar,
            por que pueda descansar
            un rato su señoría.
            (*Tómale* DON JUAN *la mano a la novia.*)

D. JUAN.   ¿Por qué la escondéis?

AMINTA.   Es mía.

GASENO.   Vamos.

BELISA.   Volved a cantar.

D. JUAN.   ¿Qué dices tú?

CATAL.   ¿Yo? que temo
            muerte vil destos villanos.

D. JUAN.   Buenos ojos, blancas manos,
            en ellos me abraso y quemo.

CATAL.   ¡Almagrar y echar a extremo!
            Con ésta cuatro serán.

D. JUAN.   Ven, que mirándome están.

BATRIC.   En mis bodas, caballero,
            ¡mal agüero!

GASENO.   Cantad.

BATRIC.   Muero.

CATAL.   Canten, que ellos llorarán.
            (*Vanse todos con que da fin la segunda
                                        jornada.*)

JORNADA TERCERA

Sale BATRICIO, *pensativo.*

BATRIC.   Celos, reloj [de cuidados,]
            que a todas las horas dais
            tormentos con que matáis,
            aunque dais desconcertados;
              celos, del vivir desprecios,
            con que ignorancias hacéis,
            pues todo lo que tenéis
            de ricos, tenéis de necios;

dejadme de atormentar,
pues es cosa tan sabida
que, cuando amor me da vida,
la muerte me queréis dar.
   ¿Qué me queréis, caballero,
que me atormentáis ansí?
Bien dije cuando le vi
en mis bodas, "¡mal agüero!"
   ¿No es bueno que se sentó
a cenar con mi mujer,
y a mí en el plato meter
la mano no me dejó?
   Pues cada vez que quería
metella la desviaba,
diciendo a cuanto tomaba:
"¡Grosería, grosería!"
   Pues llegándome a quejar
a algunos, me respondían
y con risa me decían:
"No tenéis de qué os quejar;
   eso no es cosa que importe;
no tenéis de qué temer;
callad, que debe de ser
uso de allá de la corte."
   ¡Buen uso, trato estremado!
Más no se usara en Sodoma,
que otro con la novia coma
y que ayune el desposado.
   Pues el otro bellacón
a cuanto comer quería:
"¿Esto no come?", decía;
"No tenéis, señor, razón";
   y de delante al momento
me lo quitaba corrido.
Esto bien sé yo que ha sido
culebra y no casamiento.
   Ya no se puede sufrir
ni entre cristianos pasar;
y acabando de cenar

con los dos, ¿mas que a dormir
 se ha de ir también, si porfía,
con nosotros, y ha de ser,
el llegar yo a mi mujer,
"grosería, grosería?"
 Ya viene, no me resisto.
Aquí me quiero esconder;
pero ya no puede ser,
que imagino que me ha visto.

Sale DON JUAN TENORIO.

D. JUAN.   Batricio.

BATRIC.   Su señoría
¿qué manda?

D. JUAN.   Haceros saber...

BATRIC.   [*Ap.*] ¿Mas que ha de venir a ser
alguna desdicha mía?

D. JUAN.   Que ha muchos días, Batricio,
que a Aminta el alma le di
y he gozado...

BATRIC.   ¿Su honor?

D. JUAN.   Sí.

BATRIC.   Manifiesto y claro indicio
 de lo que he llegado a ver;
que si bien no le quisiera
nunca a su casa viniera.
Al fin, al fin es mujer.

D. JUAN.   Al fin, Aminta celosa,
o quizá desesperada
de verse de mí olvidada
y de ajeno dueño esposa,
 esta carta me escribió
enviándome a llamar,
y yo prometí gozar
lo que el alma prometió.

62

Esto pasa de esta suerte.
Dad a vuestra vida un medio;
que le daré sin remedio
a quien lo impida, la muerte.

BATRIC.   Si tú en mi eleción lo pones,
tu gusto pretendo hacer,
que el honor y la mujer
son males en opiniones.

La mujer en opinión
siempre más pierde que gana,
que son como la campana,
que se estima por el són.

Y así es cosa averiguada
que opinión viene a perder,
cuando cualquiera mujer
suena a campana quebrada.

No quiero, pues me reduces
el bien que mi amor ordena,
mujer entra mala y buena,
que es moneda entre dos luces.

Gózala, señor, mil años,
que yo quiero resistir,
desengañar y morir,
y no vivir con engaños.   (*Vase.*)

D. JUAN.   Con el honor le vencí,
porque siempre los villanos
tienen su honor en las manos,
y siempre miran por sí.

Que por tantas variedades,
es bien que se entienda y crea,
que el honor se fué al aldea
huyendo de las ciudades.

Pero antes de hacer el daño
le pretendo reparar.
A su padre voy a hablar
para autorizar mi engaño.

Bien lo supe negociar;
gozarla esta noche espero.

La noche camina, y quiero
su viejo padre llamar.

    Estrellas que me alumbráis,
dadme en este engaño suerte,
si el galardón en la muerte
tan largo me lo guardáis.   *(Vase.)*

    Sale AMINTA *y* BELISA.

BELISA.   Mira que vendrá tu esposo:
entra a desnudarte, Aminta.

AMINTA. De estas infelices bodas
no sé qué siento, Belisa.
Todo hoy mi Batricio ha estado
bañado en melancolía,
todo es confusíon y celos;
¡mirad qué grande desdicha!
Di: ¿qué caballero es éste
que de mi esposo me priva?
La desvergüenza en España
se ha hecho caballería.
Déjame, que estoy corrida.
¡Mal hubiese el caballero
que mis contentos me priva!

BELISA.   Calla, que pienso que viene,
que nadie en la casa pisa
de un desposado, tan recio.

AMINTA. Queda adiós, Belisa mía.

BELISA.   Desenójale en los brazos.

AMINTA. ¡Plega a los cielos que sirvan
mis suspiros de requiebros,
mis lágrimas de caricias!   *(Vanse.)*

    Sale DON JUAN, CATALINÓN
    y GASENO.

D. JUAN. Gaseno, quedad con Dios.

GASENO. Acompañaros querría,
por dalle de esta ventura
el parabién a mi hija.

D. JUAN. Tiempo mañana nos queda.

GASENO. Bien decís. El alma mía
en la muchacha os ofrezco.   [Vase.]

D. JUAN. Mi esposa decid. Ensilla,
Catalinón.

CATAL.   ¿Para cuándo?

D. JUAN. Para el alba, que de risa
muerta, ha de salir mañana
deste engaño.

CATAL.   Allá, en Lebrija,
señor, nos está aguardando
otra boda. Por tu vida,
que despaches presto en ésta.

D. JUAN. La burla más escogida
de todas ha de ser ésta.

CATAL. Que saliésemos querría
de todas bien.

D. JUAN.   Si es mi padre
el dueño de la justicia,
y es la privanza del rey,
¿qué temes?

CATAL.   De los que privan
suele Dios tomar venganza,
si delitos no castigan;
y se suelen en el juego
perder también los que miran.
Yo he sido mirón del tuyo,
y por mirón no querría
que me cogiese algún rayo
y me trocase en [ceniza.]

D. JUAN. Vete, ensilla, que mañana
he de dormir en Sevilla.

CATAL. ¿En Sevilla?

D. JUAN.   Sí.

CATAL.	¿Qué dices? Mira lo que has hecho, y mira que hasta la muerte, señor, es corta la mayor vida, y que hay tras la muerte imperio.
D. JUAN.	Si tan largo me lo fías, vengan engaños.
CATAL.	Señor...
D. JUAN.	Vete, que ya me amohinas con tus temores estraños.
CATAL.	Fuerza al turco, fuerza al scita, al persa y al garamante, al gallego, al troglodita, al alemán y al japón, al sastre con la agujita de oro en la mano, imitando contino a la *Blanca niña.* (*Vase.*)
D. JUAN.	La noche en negro silencio se estiende, y ya las cabrillas entre racimos de estrellas el polo más alto pisan. Yo quiero poner mi engaño por obra. El amor me guía a mi inclinación, de quien no hay hombre que se resista. Quiero llegar a la cama. ¡Aminta!

Sale AMINTA *como que está acostada.*

AMINTA.	¿Quién llama a Aminta? ¿Es mi Batricio?
D. JUAN.	No soy tu Batricio.
AMINTA.	Pues ¿quién?
D. JUAN.	Mira de espacio, Aminta, quién soy.

AMINTA. ¡Ay de mí! ¡Yo soy perdida!
¿En mi aposento a estas horas?

D. JUAN. Estas son las obras mías.

AMINTA. Volveos, que daré voces.
No excedáis la cortesía
que a mi Batricio se debe.
Ved que hay romanas Emilias
en Dos Hermanas también,
y hay Lucrecias vengativas.

D. JUAN. Escúchame dos palabras,
y esconde de las mejillas
en el corazón la grana,
por ti más preciosa y rica.

AMINTA. Vete, que vendrá mi esposo.

D. JUAN. Yo lo soy; ¿de qué te admiras?

AMINTA. ¿Desde cuándo?

D. JUAN. Desde agora.

AMINTA. ¿Quién lo ha tratado?

D. JUAN. Mi dicha.

AMINTA. ¿Y quién nos casó?

D. JUAN. Tus ojos.

AMINTA. ¿Con qué poder?

D. JUAN. Con la vista.

AMINTA. ¿Sábelo Batricio?

D. JUAN. Sí,
que te olvida.

AMINTA. ¿Que me olvida?

D. JUAN. Sí, que yo te adoro.

AMINTA. ¿Cómo?

D. JUAN. Con mis dos brazos.

AMINTA. Desvía.

D. JUAN. ¿Cómo puedo, si es verdad
que muero?

AMINTA. ¡Qué gran mentira!

D. JUAN. Aminta, escucha y sabrás,
si quieres que te lo diga,
la verdad, que las mujeres
sois de verdades amigas.
Yo soy noble caballero,
cabeza de la familia
de los Tenorios, antiguos
ganadores de Sevilla.
Mi padre, después del rey,
se reverencia y estima,
y en la corte, de sus labios
pende la muerte o la vida.
Corriendo el camino acaso,
llegué a verte, que amor guía
tal vez las cosas de suerte,
que él mismo dellas se olvida.
Vite, adoréte, abraséme
tanto, que tu amor me anima
a que contigo me case;
mira qué acción tan precisa.
Y aunque lo mormure el rey
y aunque el rey lo contradiga,
y aunque mi padre enojado
con amenazas lo impida,
tu esposo tengo de ser.
¿Qué dices?

AMINTA.   No sé qué diga,
que se encubren tus verdades
con retóricas mentiras.
Porque si estoy desposada,
como es cosa conocida,
con Batricio, el matrimonio
no se absuelve aunque él desista.

D. JUAN. En no siendo consumado,
por engaño o por malicia
puede anularse.

AMINTA.   En Batricio
todo fué verdad sencilla.

D. JUAN. Ahora bien: dame esa mano,
y esta voluntad confirma
con ella.

AMINTA.   ¿Que no me engañas?

D. JUAN. Mío el engaño sería.

AMINTA. Pues jura que cumplirás
la palabra prometida.

D. JUAN. Juro a esta mano, señora,
invierno de nieve fría,
de cumplirte la palabra.

AMINTA. Jura a Dios que te maldiga
si no la cumples.

D. JUAN.   Si acaso
la palabra y la fe mía
te faltare, ruego a Dios
que a traición y alevosía
me dé muerte un hombre... ([Ap.]
     muerto:
que, vivo, ¡Dios no permita!)

AMINTA. Pues con ese juramento
soy tu esposa.

D. JUAN.   El alma mía
entre los brazos te ofrezco.

AMINTA. Tuya es el alma y la vida.

D. JUAN. ¡Ay, Aminta de mis ojos!
Mañana sobre virillas
de tersa plata estrellada
con clavos de oro de Tíbar,
pondrás los hermosos pies,
y en prisión de gargantillas
la alabastrina garganta,
y los dedos en sortijas,
en cuyo engaste parezcan
transparentes perlas finas.

AMINTA. A tu voluntad, esposo,
la mía desde hoy se inclina:
tuya soy.

69

D. JUAN. [*Ap.*]   ¡Qué mal concoces
             al Burlador de Sevilla!   (*Vanse.*)

   Sale ISABELA *y* FABIO, *de camino.*

ISABELA.   ¡Que me robase el dueño,
             la prenda que estimaba y más quería!
             ¡Oh, riguroso empeño
             de la verdad! ¡Oh, máscara del día!
             ¡Noche al fin, tenebrosa
             antípoda del sol, del sueño esposa!

FABIO.   ¿De qué sirve, Isabela,
             el amor en el alma y en los ojos.
             si amor todo es cautela,
             y en campos de desdenes causa enojos,
             si el que se ríe agora
             en breve espacio desventuras llora?
                 El mar está alterado
             y en grave temporal, [riesgo] se corre.
             El abrigo han tomado
             las galeras, duquesa, de la torre
             que esta playa corona.

ISABELA. ¿Dónde estamos [aora]?

FABIO.   En Tarragona.
                 De aquí a poco espacio
             daremos en Valencia, ciudad bella,
             del mismo sol palacio.
             Divertiráste algunos días en ella,
             y después a Sevilla,
             irás a ver la octava maravilla.
                 Que si a Octavio perdiste,
             más galán es don Juan, y de Tenorio
             solar. ¿De qué estás triste?
             Conde dicen que es ya don Juan
                   Tenorio;
             el rey con él te casa,
             y el padre es la privanza de su casa.

ISABELA.   No nace mi tristeza
             de ser esposa de don Juan, que el mundo

70

conoce su nobleza;
en la esparcida voz mi agravio fundo,
que esta opinión perdida
es de llorar mientras tuviere vida.

FABIO.   Allí una pescadora
tiernamente suspira y se lamenta
y dulcemente llora.
Acá viene, sin duda, y verte intenta.
Mientras llamo tu gente,
lamentaréis las dos más dulcemente.

Vase FABIO *y sale* TISBEA.

TISBEA.   Robusto mar de España,
ondas de fuego, fugitivas ondas,
Troya de mi cabaña,
que ya el fuego por mares y por ondas
en sus abismos fragua
y el mar forma por las llamas agua.
    ¡Maldito el leño sea
que a tu amargo cristal halló carrera!
¡Antojo de Medea,
tu cáñamo primero o primer lino,
aspado de los vientos
para telas de engaños e instrumentos!

ISABELA.   ¿Por qué del mar te quejas
tan tiernamente, hermosa pescadora?

TISBEA.   Al mar formo mil quejas.
¡Dichosa vos que en su tormento agora
dél os estáis riendo!

ISABELA. También quejas del mar estoy haciendo.
    ¿De dónde sois?

TISBEA.   De aquellas
cabañas que miráis del viento heridas
tan vitorioso entre ellas,
cuyas pobres paredes desparcidas
van en pedazos graves,
dando [humildes nidos] a las aves.

71

En sus pajas me dieron
corazón de fortísimo diamante;
mas las obras me hicieron
deste monstruo que ves tan arrogante
ablandarme de suerte,
que al sol la cera es más robusta y fuerte.
    ¿Sois vos la Europa hermosa
que esos toros os llevan?

ISABELA.   [A Sevilla]
llévanme a ser esposa
contra mi voluntad.

TISBEA.   Si mi mancilla
a lástima os provoca,
y si injurias del mar os tienen loca,
    en vuestra compañía,
para serviros como humilde esclava
me llevad; que querría,
si el dolor o la afrenta no me acaba,
pedir al rey justicia
de un engaño cruel, de una malicia.
    Del agua derrotado,
a esta tierra llegó don Juan Tenorio,
difunto y anegado;
amparéle, hospedéle en tan notorio
peligro, y el vil güésped
víbora fué a mi planta en tierno césped.
    Con palabra de esposo,
la que de esta costa burla hacía,
se rindió al engañoso;
¡mal haya la mujer que en hombres fía!
Fuése al fin y dejóme:
mira si es justo que venganza tome.

ISABELA.   ¡Calla, mujer maldita!
Vete de mi presencia, que me has
        muerto.
Mas si el dolor te incita,
no tienes culpa tú. Prosigue el cuento.

TISBEA.   La dicha fuera mía.

ISABELA. ¡Mal haya la mujer que en hombres fía!
    ¿Quién tiene de ir contigo?

TISBEA.   Un pescador, Anfriso; un pobre padre
    de mis males testigo.

ISABELA. [Ap.] No hay venganza que a mi mal
    tanto le cuadre.
    Ven en mi compañía.

TISBEA.   ¡Mal haya la mujer que en hombres fía!
                     (*Vanse.*)

      Sale DON JUAN *y* CATALINÓN.

CATAL.   Todo en mal estado está.

D. JUAN. ¿Cómo?

CATAL.   Que Octavio ha sabido
    la traición de Italia ya,
    y el de la Mota ofendido
    de ti quejas justas da,
       y dice al fin que el recaudo,
    que de su prima le diste,
    fué fingido y disimulado,
    y con su capa emprendiste
    la traición que le ha infamado.
    Dice que viene Isabela
    a que seas su marido,
    y dicen...

D. JUAN.   ¡Calla!

CATAL.   Una muela
    en la boca me has rompido.

D. JUAN. Hablador, ¿quién te revela
    tantos disparates juntos?

CATAL. Verdades son.

D. JUAN.   No pregunto
    si lo son. Cuando me mate
    Octavio: ¿estoy yo difunto?
       ¿No tengo manos también?
    ¿Dónde me tienes posada?

CATAL.   En la calle, oculta.

D. JUAN.   Bien.

CATAL.   La iglesia es tierra sagrada.

D. JUAN. Di que de día me den
         en ella la muerte. ¿Viste
         al novio de Dos Hermanas?

CATAL.   También le vi ansiado y triste.

D. JUAN. Aminta, estas dos semanas,
         no ha de caer en el chiste.

CATAL.   Tan bien engañada está,
         que se llama doña Aminta.

D. JUAN ¡Graciosa burla será!

CATAL.   Graciosa burla y sucinta,
         mas siempre la llorará.
      (*Descúbrese un sepulcro de* DON GONZALO
                          DE ULLOA.)

D. JUAN.   ¿Qué sepulcro es éste?

CATAL.   Aquí
         don Gonzalo está enterrado.

D. JUAN. Este es el que muerte di.
         ¡Gran sepulcro le han labrado!

CATAL.   Ordenólo el rey ansí.
         ¿Cómo dice este letrero?

D. JUAN. "Aquí aguarda del Señor,
         el más leal caballero,
         la venganza de un traidor."
         Del mote reírme quiero.
          ¿Y habéisos vos de vengar,
         buen viejo, barbas de piedra?

CATAL.   No se las podrás pelar,
         que en barbas muy fuertes medra.

D. JUAN. Aquesta noche a cenar
         os aguardo en mi posada.
         Allí el desafío haremos,
         si la venganza os agrada;
         y aunque mal reñir podremos,
         si es de piedra vuestra espada.

CATAL. Ya, señor, ha anochecido;
vámonos a recoger.

D. JUAN. Larga esta venganza ha sido.
Si es que vos la habéis de hacer,
importa no estar dormido,
que si a la muerte aguardáis
la venganza, la esperanza
agora es bien que perdáis,
pues vuestro enojo y venganza
tan largo me lo fiáis.

Vanse y ponen la mesa dos CRIADOS.

C. 1º. Quiero apercebir la cena,
que vendrá a cenar don Juan.

C. 2º. Puestas las mesas están.
¡Qué flema tiene si empieza!
Ya tarda como solía,
mi señor; no me contenta;
la bebida se calienta
y la comida se enfría.
Mas, ¿quién a don Juan ordena
esta desorden?

Entra DON JUAN *y* CATALINÓN.

D. JUAN. ¿Cerraste?

CATAL. Ya cerré como mandaste.

D. JUAN. ¡Hola! Tráiganme la cena.

C. 2º. Ya está aquí.

D. JUAN. Catalinón,
siéntate.

CATAL. Yo soy amigo
de cenar de espacio.

D. JUAN. Digo
que te sientes.

CATAL. La razón
haré.

75

C. 1º.	También es camino éste, si come con él
D. JUAN.	Siéntate.
	(Un golpe dentro.)
CATAL.	Golpe es aquél.
D. JUAN.	Que llamaron imagino; mira quién es.
C. 1º.	Voy volando.
CATAL.	¿Si es la justicia, señor?
D. JUAN.	Sea, no tengas temor.
	(Vuelve el CRIADO *huyendo.)* ¿Quién es? ¿De qué estás temblando?
CATAL.	De algún mal da testimonio.
D. JUAN.	Mal mi cólera resisto. Habla, responde, ¿qué has visto? ¿Asombróte algún demonio? Ve tú, y mira aquella puerta, ¡presto, acaba!
CATAL.	¿Yo?
D. JUAN.	Tú, pues. Acaba, menea los pies.
CATAL.	A mi agüela hallaron muerta como racimo colgada, y desde entonces se suena que anda siempre su alma en pena. Tanto golpe no me agrada.
D. JUAN.	Acaba.
CATAL.	Señor, si sabes que soy un Catalinón...
D. JUAN.	Acaba.
CATAL.	¡Fuerte ocasión!
D. JUAN.	¿No vas?
CATAL.	¿Quién tiene las llaves de la puerta?
C. 2º.	Con la aldaba está cerrada no más.

76

D. JUAN. ¿Qué tienes? ¿Por qué no vas?

CATAL. Hoy Catalinón acaba.
¿Mas si las forzadas vienen
a vengarse de los dos?
(*Llega* CATALINÓN *a la puerta, y viene
corriendo; cae y levántase.*)

D. JUAN. ¿Qué es eso?

CATAL. ¡Válgame Dios!
¡Que me matan, que me tienen!

D. JUAN. ¿Quién te tiene, quién te [mata]?
¿Qué has visto?

CATAL. Señor, yo allí
vide cuando...luego fuí...
¿Quién me ase, quién me arrebata?
Llegué, cuando después ciego...
cuando vile, ¡juro a Dios!...
Habló y dijo, ¿quién sois vos?...
respondió, y respondí luego...
topé y vide...

D. JUAN. ¿A quién?

CATAL. No sé.

D. JUAN. ¡Cómo el vino desatina!
Dame la vela, gallina,
y yo a quien llama veré.

(*Toma* DON JUAN *la vela y llega a la puerta.
Sale al encuentro* DON GONZALO, *en la forma
que estaba en el sepulcro, y* DON JUAN *se retira
atrás turbado, empuñando la espada, y en la otra
la vela, y* DON GONZALO *hacia él, con pasos
menudos, y al compás* DON JUAN, *retirándose
hasta estar en medio del teatro.*)

D. JUAN. ¿Quién va?

D. GON. Yo soy.

D. JUAN. ¿Quién sois vos?

D. GON. Soy el caballero honrado
que a cenar has convidado.

77

D. JUAN. Cena habrá para los dos,
            y si vienen más contigo,
            para todos cena habrá.
            Ya puesta la mesa está.
            Siéntate.

CATAL.   ¡Dios sea conmigo!
            ¡San Panuncio, San Antón!
            Pues ¿los muertos comen, di?
            Por señas dice que sí.

D. JUAN. Siéntate, Catalinón.

CATAL.   No, señor, yo lo recibo
            por cenado.

D. JUAN.   Es desconcierto:
            ¡qué temor tienes a un muerto!
            ¿Qué hicieras estando vivo?
            Necio y villano temor.

CATAL.   Cena con tu convidado,
            que yo, señor, ya he cenado.

D. JUAN. ¿He de enojarme?

CATAL.   Señor,
            ¡vive Dios que güelo mal!

D. JUAN. Llega, que aguardando estoy.

CATAL.   Yo pienso que muerto soy,
            y está muerto mi arrabal.
                        (*Tiemblan los* CRIADOS.)

D. JUAN.   Y vosotros, ¿qué decís?
            ¿Qué hacéis? ¡Necio temblar!

CATAL.   Nunca quisiera cenar
            con gente de otro país.
              ¿Yo, señor, con convidado
            de piedra?

D. JUAN.   ¡Necio temer!
            Si es piedra, ¿qué te ha de hacer?

CATAL.   Dejarme descalabrado.

D. JUAN.   Háblale con cortesía.

78

CATAL. ¿Está bueno? ¿Es buena tierra
la otra vida? ¿Es llano o sierra?
¿Prémiase allá la poesía?

C. 1º. A todo dice que sí,
con la cabeza.

CATAL.   ¿Hay allá
muchas tabernas? Sí habrá,
si no se reside allí.

D. JUAN. ¡Hola! dadnos de beber.

CATAL. Señor muerto, ¿allá se bebe
con nieve?   (*Baja la cabeza.*)
                  Así, que hay nieve:
buen país.

D. JUAN.   Si oír cantar
queréis, cantarán.   (*Baja la cabeza.*)

C. 2º.   Sí, dijo.

D. JUAN. Cantad.

CATAL.   Tiene el seor muerto
buen gusto.

C. 1º.   Es noble, por cierto,
y amigo de regocijo.
(*Cantan dentro:*)
    Si de mi amor aguardáis,
    señora, de aquesta suerte
    el galardón en la muerte,
    ¡qué largo me lo fiáis!

CATAL.   O es sin duda veraniego
el seor muerto, o debe ser
hombre de poco comer.
Temblando al plato me llego.
    Poco beben por allá;   (*Bebe.*)
yo beberé por los dos.
Brindis de piedra. ¡por Dios!
Menos temor tengo ya.
(*Cantan:*)
    Si ese plazo me convida
    para que gozaros pueda,

79

pues larga vida me queda,
dejad que pase la vida.
  Si de mi amor aguardáis,
señora, de aquesta suerte
el galardón en la muerte,
¡qué largo me lo fiáis!

CATAL.   ¿Con cuál de tantas mujeres
como has burlado, señor,
hablan?

D. JUAN.   De todas me río,
amigo, en esta ocasión.
En Nápoles a Isabela...

CATAL.   Esa, señor, ya no es [hoy]
burlada, porque se casa
contigo, como es razón.
Burlaste a la pescadora
que del mar te redimió,
pagándole el hospedaje
en moneda de rigor.
Burlaste a doña Ana...

D. JUAN.   Calla,
que hay parte aquí que lastó
por ella, y vengarse aguarda.

CATAL.   Hombre, es de mucho valor,
que él es piedra, tú eres carne:
no es buena resolución.
        (*Hace señas que se quite la mesa y*
                  queden solos.)

D. JUAN. ¡Hola! quitad esa mesa,
que hace señas que los dos
nos quedemos, y se vayan
los demás.

CATAL.   ¡Malo, por Dios!
No te quedes, porque hay muerto
que mata de un mojicón
a un gigante.

D. JUAN.   Salíos todos.
         ¡A ser yo Catalinón...!
         Vete, que viene.

> (*Vanse, y quedan los dos solos, y hace
> señas que cierre la puerta.*)

D. JUAN.   La puerta
         ya está cerrada. Ya estoy
         aguardando. Di, ¿qué quieres,
         sombra o fantasma o visión?
         Si andas en pena o si aguardas
         alguna satisfación
         para tu remedio, dilo,
         que mi palabra te doy
         de hacer lo que ordenares.
         ¿Estás gozando de Dios?
         ¿Dite la muerte en pecado?
         Habla, que suspenso estoy.

> (*Paso, como cosa del otro mundo.*)

D. GON.   ¿Cumplirásme una palabra
         como caballero?

D. JUAN.   Honor
         tengo, y las palabras cumplo,
         porque caballero soy.

D. GON.   Dame esa mano, no temas.

D. JUAN.   ¿Eso dices? ¿Yo temor?
         Si fueras el mismo infierno
         la mano te diera yo.   (*Dale la mano.*)

D. GON.   Bajo esta palabra y mano,
         mañana a las diez estoy
         para cenar aguardando.
         ¿Irás?

D. JUAN.   Empresa mayor
         entendí que me pedías.
         Mañana tu güésped soy.
         ¿Dónde he de ir?

D. GON.   A mi capilla.

D. JUAN.   ¿Iré solo?

D. GON.   No, los dos;
                y cúmpleme la palabra
                como la he cumplido yo.

D. JUAN.   Digo que la cumpliré;
                que soy Tenorio.

D. GON.   Yo soy
                Ulloa.

D. JUAN.   Yo iré sin falta.

D. GON.   Y yo lo creo. Adiós. (*Va a la puerta.*)

D. JUAN.   [Adiós.]
                Aguarda, iréte alumbrando.

D. GON.   No alumbres, que en gracia estoy.
(*Vase muy poco a poco, mirando a* DON JUAN, *y*
DON JUAN *a él, hasta que desaparece, y queda* DON
JUAN *con pavor.*)

D. JUAN. ¡Válgame Dios! Todo el cuerpo
                se ha bañado de un sudor,
                y dentro de las entrañas
                se me hiela el corazón.
                Cuando me tomó la mano,
                de suerte me la apretó,
                que un infierno parecía:
                jamás vide tal calor.
                Un aliento respiraba,
                organizando la voz,
                tan frío, que parecía
                infernal respiración.
                Pero todas son ideas
                que da la imaginación:
                el temor y temer muertos
                es más villano temor;
                que si un cuerpo noble, vivo,
                con potencias y razón
                y con alma, no se teme,
                ¿quién cuerpos muertos temió?
                Mañana iré a la capilla

donde convidado soy,
por que se admire y espante
Sevilla de mi valor.   (*Vase.*)

Sale el REY y DON DIEGO TENORIO
y acompañamiento.

REY.   ¿Llegó al fin Isabela?

D. DIEG.   Y disgustada.

REY.   Pues ¿no ha tomado bien el casamiento?

D. DIEG.   Siente, señor, el nombre de infamada.

REY.   De otra causa procede su tormento.
            ¿Dónde está?

D. DIEG.   En el convento está alojada
            de las Descalzas.

REY.   Salga del convento
            luego al punto, que quiero que en
                palacio
            asista con la reina más de espacio.

D. DIEG.   Si ha de ser con don Juan el despo-
                sorio,
            manda, señor, que tu presencia vea.

REY.   Véame, y galán salga, que notorio
            quiero que este placer al mundo sea.
            Conde será desde hoy don Juan Tenorio
            de Lebrija; él la mande y la posea,
            que si Isabela a un duque corresponde,
            ya que ha perdido un duque, gane un
                conde.

D. DIEG.   Todos por la merced tus pies besamos.

REY.   Merecéis mi favor tan dignamente,
            que si aquí los servicios ponderamos,
            me quedo atrás con el favor presente.
            Paréceme, don Diego, que hoy hagamos
            las bodas de doña Ana juntamente.

D. DIEG.   ¿Con Octavio?

REY.	No es bien que el duque Octavio
	sea el restaurador de aqueste agravio.
	Doña Ana con la reina me ha pedido
	que perdone al marqués, porque doña Ana,
	ya que el padre murió, quiere marido;
	porque si le perdió, con él le gana.
	Iréis con poca gente y sin ruido
	luego a hablalle a la fuerza de Triana;
	por su satisfacción y por su abono
	de su agraviada prima, le perdono.
D. DIEG.	Ya he visto lo que tanto deseaba.
REY.	Que esta noche han de ser, podéis decille,
	los desposorios.
D. DIEG.	Todo en bien se acaba.
	Fácil será al marqués el persuadille
	que de su prima amartelado estaba.
REY.	También podéis [a] Octavio prevenille.
	Desdichado es el duque con mujeres;
	son todas opinión y pareceres.
	Hanme dicho que está muy enojado
	con don Juan.
D. DIEG.	No me espanto si ha sabido
	de don Juan el delito averiguado,
	que la causa de tanto daño ha sido.
	El duque viene.
REY.	No dejéis mi lado,
	que en el delito sois comprehendido.

Sale el DUQUE OCTAVIO.

OCTAV.	Los pies, invicto rey, me dé tu alteza.
REY.	Alzad, duque, y cubrid vuestra cabeza.
	¿Qué pedís?
OCTAV.	Vengo a pediros,
	postrado ante vuestras plantas,

84

	una merced, cosa justa,
	digna de serme otorgada.
REY.	Duque, como justa sea,
	digo que os doy mi palabra
	de otorgárosla. Pedid.
OCTAV.	Ya sabes, señor, por cartas
	de tu embajador, y el mundo
	por la lengua de la fama
	sabe, que don Juan Tenorio,
	con española arrogancia,
	en Nápoles una noche,
	para mí noche tan mala,
	con mi nombre profanó
	el sagrado de una dama.
REY.	No pases más adelante,
	Ya supe vuestra desgracia.
	En efeto: ¿qué pedís?
OCTAV.	Licencia que en la campaña
	defienda como es traidor.
D. DIEG.	Eso no. Su sangre clara
	es tan honrada...
REY.	¡Don Diego!
D. DIEG.	Señor.
OCTAV.	¿Quién eres que hablas
	en la presencia del rey
	de esa suerte?
D. DIEG.	Soy quien calla
	porque me lo manda el rey;
	que si no, con esta espada
	te respondiera.
OCTAV.	Eres viejo.
D. DIEG.	Ya he sido mozo en Italia,
	a vuestro pesar, un tiempo;
	ya conocieron mi espada
	en Nápoles y en Milán.
OCTAV.	Tienes ya la sangre helada.
	No vale *fuí*, sino *soy*.

85

D. DIEG. Pues fuí y soy.   (*Empuña.*)

REY.   Tened; basta;
bueno está. Callad, don Diego,
que a mi persona se guarda
poco respeto. Y vos, duque,
después que las bodas se hagan,
más de espacio hablaréis.
Gentilhombre de mi cámara
es don Juan, y hechura mía,
y de aqueste tronco rama;
mirad por él.

OCTAV.   Yo lo haré,
gran señor, como lo mandas.

REY.   Venid conmigo, don Diego.

D. DIEG. [*Ap.*] ¡Ay, hijo! ¡qué mal me pagas
el amor que te he tenido!

REY.   Duque.

OCTAV.   Gran señor.

REY.   Mañana
vuestras bodas se han de hacer.

OCTAV. Háganse, pues tú lo mandas.

          Vase el REY *y* DON DIEGO, *y sale*
                GASENO *y* AMINTA.

GASENO.   Este señor nos dirá
donde está don Juan Tenorio.
Señor, ¿si está por acá
un don Juan a quien notorio
ya su apellido será?

OCTAV.   Don Juan Tenorio diréis.

AMINTA. Sí, señor; ese don Juan.

OCTAV. Aquí está: ¿qué le queréis?

AMINTA. Es mi esposo ese galán.

OCTAV. ¿Cómo?

AMINTA.   Pues, ¿no lo sabéis
siendo del alcázar vos?

86

OCTAV. No me ha dicho don Juan nada.

GASENO. ¿Es posible?

OCTAV.   Sí, por Dios.

GASENO. Doña Aminta es muy honrada.
    Cuando se casen los dos,
      que cristiana vieja es
    hasta los güesos, y tiene
    de la hacienda el interés,
    .   .   .   .   .   .

    más bien que un conde, un marqués.
      Casóse don Juan con ella,
    y quitósela a Batricio.

AMINTA. Decid cómo fuí doncella
    a su poder.

GASENO.   No es juicio
    esto, ni aquesta querella.

OCTAV. [*Ap.*] Esta es burla de don Juan,
    y para venganza mía
    éstos diciéndola están.
    ¿Qué pedís, al fin?

GASENO.   Querría,
    porque los días se van,
      que se hiciese el casamiento,
    o querellarme ante el rey.

OCTAV. Digo que es justo ese intento.

GASENO. Y razón y justa ley.

OCTAV. [*Ap.*] Medida a mi pensamiento
      ha venido la ocasión.—
    En el alcázar tenéis (*sic*)
    bodas.

AMINTA.   ¿Si las mías son?

OCTAV. [*Ap.*] Quiero, para que acertemos,
    valerme de una invención.—
      Venid donde os vestiréis,
    señora, a lo cortesano,
    y a un cuarto del rey saldréis
    conmigo.

AMINTA.   Vos de la mano
a don Juan me llevaréis.

OCTAV.   Que de esta suerte es cautela.

GASENO. El arbitrio me consuela.

OCTAV.   [*Ap.*] Estos venganza me dan
de aqueste traidor don Juan
y el agravio de Isabela.   (*Vanse.*)

Sale DON JUAN *y* CATALINÓN.

CATAL.   ¿Cómo el rey te recibió?

D. JUAN. Con más amor que mi padre.

CATAL.   ¿Viste a Isabela?

D. JUAN.   También.

CATAL.   ¿Cómo viene?

D. JUAN.   Como un ángel.

CATAL.   ¿Recibióte bien?

D. JUAN.   El rostro
bañado de leche y sangre,
como la rosa que al alba
[revienta la verde cárcel.]

CATAL.   Al fin, esta noche son
las bodas?

D. JUAN.   Sin falta.

CATAL.   [Si antes]
hubieran sido, no hubieras,
señor, engañado a tantas (*sic*);
pero tú tomas esposa,
señor, con cargas muy grandes.

D. JUAN. Di: ¿comienzas a ser necio?

CATAL.   Y podrás muy bien casarte
mañana, que hoy es mal día.

D. JUAN. Pues ¿qué día es hoy?

CATAL.   Es martes.

88

D. JUAN. Mil embusteros y locos
dan en esos disparates.
Sólo aquel llamo mal día,
aciago y detestable,
en que no tengo dineros;
que lo demás es donaire.

CATAL. Vamos, si te has de vestir,
que te aguardan, y ya es tarde.

D. JUAN. Otro negocio tenemos
que hacer, aunque nos aguarden.

CATAL. ¿Cuál es?

D. JUAN. Cenar con el muerto.

CATAL. Necedad de necedades.

D. JUAN. ¿No ves que di mi palabra?

CATAL. Y cuando se la quebrantes,
¿qué importa? ¿Ha de pedirte
una figura de jaspe
la palabra?

D. JUAN. Podrá el muerto
llamarme a voces infame.

CATAL. Ya está cerrada la iglesia.

D. JUAN. Llama.

CATAL. ¿Qué importa que llame?
¿Quién tiene de abrir, que están
durmiendo los sacristanes?

D. JUAN. Llama a ese postigo.

CATAL. Abierto
está.

D. JUAN. Pues entra.

CATAL. Entre un fraile
con su hisopo y estola.

D. JUAN. Sígueme y calla.

CATAL. ¿Que calle?

D. JUAN. Sí.

CATAL.   Dios en paz
        destos convites me saque.
        (*Entran por una puerta y salen por otra.*)
        ¡Qué escura que está la iglesia,
        señor para ser tan grande!
        ¡Ay de mí! ¡Tenme, señor,
        porque de la capa me asen!

     Sale DON GONZALO *como de antes,*
       y encuéntrase con ellos.

D. JUAN. ¿Quién va?

D. GON.   Yo soy.

CATAL.   ¡Muerto estoy!

D. GON. El muerto soy, no te espantes.
        No entendí que me cumplieras
        la palabra, según haces
        de todos burla.

D. JUAN.   ¿Me tienes
        en opinión de cobarde?

D. GON. Sí, que aquella noche huíste
        de mí cuando me mataste.

D. JUAN. Huí de ser conocido;
        mas ya me tienes delante.
        Di presto lo que me quieres.

D. GON. Quiero a cenar convidarte.

CATAL. Aquí escusamos la cena,
        que toda ha de ser fiambre,
        pues no parece cocina.

D. JUAN. Cenemos.

D. GON.   Para cenar
        es menester que levantes
        esa tumba.

D. JUAN.   Y si te importa,
        levantaré esos pilares.

D. GON. Valiente estás.

D. JUAN.   Tengo brío
        y corazón en las carnes.

CATAL.	Mesa de Guinea es ésta.
	Pues ¿no hay por allá quien lave?
D. GON.	Siéntate.
D. JUAN.	¿Adónde?
CATAL.	Con sillas
	vienen ya dos negros pajes.
	(*Entran dos enlutados con dos sillas.*)
	¿También acá se usan lutos
	y bayeticas de Flandes?
D. GON.	Siéntate.
CATAL.	Yo, señor,
	he merendado esta tarde.
D. GON.	No repliques.
CATAL.	No replico.
	Dios en paz de esto me saque.
	¿Qué plato es éste, señor?
D. GON.	Este plato es de alacranes
	y víboras.
CATAL.	¡Gentil plato!
D. GON.	Estos son nuestros manjares.
	¿No comes tú?
D. JUAN.	Comeré
	si me dieses áspid y áspides
	cuantos el infierno tiene.
D. GON.	También quiero que te canten.
CATAL.	¿Qué vino beben acá?
D. GON.	Pruébalo.
CATAL.	Hiel y vinagre
	es este vino.
D. GON.	Este vino
	esprimen nuestros lagares.
	(*Cantan:*)
	Adviertan los que de Dios
	juzgan los castigos grandes,
	que no hay plazo que no llegue
	ni deuda que no se pague.

CATAL.	¡Malo es esto, vive Cristo!
	que he entendido este romance,
	y que con nosotros habla.
D. JUAN.	Un hielo el pecho me abrasa.
	(*Cantan:*)
	Mientras en el mundo viva,
	no es justo que diga nadie:
	¡qué largo me lo fiáis!
	siendo tan breve el cobrarse.
CATAL.	¿De qué es este guisadillo?
D. GON.	De uñas.
CATAL.	De uñas de sastre
	será, si es guisado de uñas.
D. JUAN.	Ya he cenado; haz que levanten
	la mesa.
D. GON.	Dame esa mano;
	no temas, la mano dame.
D. JUAN.	¿Eso dices? ¿Yo, temor?
	¡Que me abraso! ¡No me abrases
	con tu fuego!
D. GON.	Esto es poco
	para el fuego que buscaste.
	Las maravillas de Dios
	son, don Juan, investigables,
	y así quiere que tus culpas
	a manos de un muerto pagues,
	y si pagas desta suerte,
	ésta es justicia de Dios:
	"quien tal hace, que tal pague."
D. JUAN.	¡Que me abraso, no me aprietes!
	Con la daga he de matarte.
	Mas ¡ay! que me canso en vano
	de tirar golpes al aire.
	A tu hija no ofendí,
	que vió mis engaños antes.
D. GON.	No importa, que ya pusiste
	tu intento.

D. JUAN.   Deja que llame
quien me confiese y absuelva.

D. GON.   No hay lugar; ya acuerdas tarde.

D. JUAN.   ¡Que me quemo! ¡Que me abraso!
¡Muerto soy!   (*Cae muerto.*)

CATAL.   No hay quien se escape,
que aquí tengo de morir
también por acompañarte.

D. GON.   Esta es justicia de Dios:
"quien tal hace que tal pague."

(*Húndese el sepulcro con* DON JUAN *y* DON
GONZALO, *con mucho ruido, y sale* CATALINÓN
arrastrando.)

CATAL.   ¡Válgame Dios! ¿Qué es aquesto?
Toda la capilla se arde,
y con el muerto he quedado
para que le vele y guarde.
Arrastrando como pueda
iré a avisar a su padre.
¡San Jorge, San *Agnus Dei*,
sacadme en paz a la calle!   (*Vase.*)

Sale el REY, DON DIEGO *y acompañamiento.*

D. DIEG.   Ya el marqués, señor, espera
besar vuestros pies reales.

REY.   Entre luego y avisad
al conde, porque no aguarde.

Sale BATRICIO *y* GASENO.

BATRIC.   ¿Dónde, señor, se permite
desenvolturas tan grandes,
que tus criados afrenten
a los hombres miserables?

REY.   ¿Qué dices?

BATRIC.   Don Juan Tenorio,
alevoso y detestable,
la noche del casamiento,

93

antes que le consumase,
a mi mujer me quitó;
testigos tengo delante.

Sale TISBEA *y* ISABELA *y acompañamiento.*

TISBEA.	Si vuestra alteza, señor,
de don Juan Tenorio no hace
justicia, a Dios y a los hombres,
mientras viva, he de quejarme.
Derrotado le echó el mar;
dile vida y hospedaje,
y pagóme esta amistad
con mentirme y engañarme
con nombre de mi marido.

REY.	¿Qué dices?

ISABELA.	Dice verdad.

Sale AMINTA *y el* DUQUE OCTAVIO.

AMINTA. ¿Adónde mi esposo está?

REY.	¿Quién es?

AMINTA.	Pues ¿no lo sabe?
El señor don Juan Tenorio,
con quien vengo a desposarme,
porque me debe el honor,
y es noble y no ha de negarme.
Manda que nos desposemos.

Sale el MARQUÉS DE LA MOTA.

MOTA.	Pues es tiempo, gran señor,
que a luz verdades se saquen,
sabrás que don Juan Tenorio
la culpa que me imputaste
tuvo él, pues como amigo,
pudo el crüel engañarme;
de que tengo dos testigos.

REY.	¿Hay desvergüenza más grande?
Prendelde y matalde luego.

94

D. DIEG.	En premio de mis servicios haz que le prendan y pague sus culpas, porque del cielo rayos contra mí no bajen, si es mi hijo tan malo.
REY.	¡Esto mis privados hacen!

Sale CATALINÓN.

CATAL.	Señores, escuchad, oíd el suceso más notable que en el mundo ha sucedido, y en oyéndome, matadme. Don Juan, del Comendador haciendo burla, una tarde, después de haberle quitado las dos prendas que más valen, tirando al bulto de piedra la barba por ultrajarle, a cenar le convidó: ¡nunca fuera a convidarle! Fué el bulto y convidóle; y agora porque no os canse, acabando de cenar, entre mil presagios graves, de la mano le tomó, y le aprieta hasta quitalle la vida, diciendo: "Dios me manda que así te mate, castigando tus delitos. Quien tal hace que tal pague."
REY.	¿Qué dices?
CATAL.	Lo que es verdad, diciendo antes que acabase, que a doña Ana no debía honor, que lo oyeron antes del engaño.
MOTA.	Por las nuevas mil albricias pienso darte.

REY.	¡Justo castigo del cielo!
	Y agora es bien que se casen
	todos, pues la causa es muerta,
	vida de tantos desastres.
OCTAV.	Pues ha enviudado Isabela,
	quiero con ella casarme.
MOTA.	Y yo con mi prima.
BATRIC.	Y nosotros
	con las nuestras, porque acabe
	El Convidado de piedra.
REY.	Y el sepulcro se traslade
	en San Francisco en Madrid,
	para memoria más grande.

FIN